내일의 무대 여는 시간

박우양 충북도의원의
영동 & 충북 오늘과 내일

월류봉

박우양 충북도의원의
영동&충북 오늘과 내일

내일의 무대 여는 시간

박우양 지음

■ 책을 펴내면서

영동의 희망과 행복을 위한
소통의 장 여는 마중물이 되길

첫 번째 책이다.

문학서도 실용서도 아니다. 그렇다고 자서전도 아니다.

이 책은 충북도의회 의원으로서의 '자기 고백'이자 내가 태어나고 자라고 또 지금 사는 내 고향 영동의 '미래희망보고서'가 아닐까 싶다.

책 한 권을 펴낸다는 것이 결코 쉬운 일이 아니라는 것을 이제야 실감했다. 왜 많은 이들이 '작가作家'를 존경하는가에 대해서도 다시 한번 깨닫는 시간이었다.

책을 준비하는 몇 개월에 걸쳐 지나온 삶을 돌아다보는 좋은 시간이 되기도 했지만 내 생각을 글로써 표현한다는 것은 그리 쉬운 일이 아니었다. 어떤 경험담과 사실을 풀어놓고 나서 행여 자랑이 될까 싶어 지우고 다시 또 쓰는 과정을 반복하면서 언어와 문장에 대한 책임을 다하고자 고군분투한 시간이었다.

사실 오래전부터 책을 써야겠다는 생각은 있었으나 실행으로 옮기지 못했다. 40대 시절 대학 강단에 있을 때 전공 분야 서적을 써서 학생들에게 도움이 되도록 해야겠다는 생각을 가졌지만 불필요한 오해를 받을 여지가 있다는 생각에 시도하지 않았다. 고향에 내려와 살면서 그간 살아온 이야기들을 자전적 에세이로 써 볼까 생각도 했지만, 이 또한 크게 내세울 것도 없는 삶을 자랑하는 일이 될 것 같아서 한두 차례 생각하다가 멈췄다.

책 한 권 출판에 다시 도전한 데는 핑계가 아닌 충분한 이유가 있었다. 도의원으로서 영동군민의 한 사람으로서 좋은 생각으로 최선을 다하고, 또 내일의 희망을 위한 청사진을 그리며, 군민의 화합과 희망을 말로만 외쳐댄다고 해서 그것이 최고의 방법이 아니라는 것을 자각했기 때문이다. 자칫 나 한 사람만의 생각과 계획 그리고 몸짓으로만 이어져서는 안 된다는 것을 실감하게 된 것이다. IT문명의 진화가 속도의 결과로 나타나는 세상이지만, 여전히 우리에겐 책이야말로 진실로 소통할 수 있고 친근하게 접근하기엔 가장 효과적인 열린 문이 아닐까.

21세기 국가, 사회, 지역, 기업, 가정 등의 모든 조직구성체에서 화두로 떠오른 것 중 하나를 꼽는다면 바로 소통이다. 나는 이 책을 통해 나 박우양은 누구이고 어떤 삶을 살았는가? 지난 8년 간 도의원으로서 무엇을 했고 영동의 발전과 미래를 위해 가진 생각과 추구하는 비전은 무엇인가? 또 영동과 영동의 행복에 대해 우리는 어떤 고민을 하고 어떤 실행 의지를 다져야 하는가 등에 대한 모든 진실과 사실을 '책'이라는 소통의 장에 풀어놓고자 했다.

　나에게는 주옥같은 언어를 구사할만한 문장력이 없다. 재미있게 스토리텔링을 하는 재간도 없다. 다만 내 마음속의 진실과 머릿속의 사실을 끄집어내 영동의 희망을 이야기하자고 했다는 것에 출간의 의의를 부여하고 싶다. 따라서 이 책 속의 내용이 우리 영동군민들 서로의 생각과 지혜를 모으고 다 함께 소통할 수 있는 장을 여는 또 하나의 마중물이 되기를 소망한다.

　비둘기는 예의 바르고 평화를 상징하는 길조이고 감나무는 까치밥으로 전하는 상생의 상징이다. 나는 소망한다. 우리군의 군새 비둘기와 군나무 감나무처럼 우리의 영동군이 평화로운 땅으로 영원하길, 우리 영동군민 모두가 나눔과 사랑으로 상생하며 아름다운 삶이 되길….

2022. 2. 20.
충북도의원 박우양

■ 추천사 1

영동과 함께 꽃을 피우는
찬란하고 아름다운 날들 되시길

박덕흠(제21대 국회의원)

　코로나19 팬데믹으로 인해 한층 더해진 긴장감 속에 노심초사하며 보낸 겨울이 지나고 다시 봄이 찾아오고 있습니다. 얼었던 대지를 녹이는 봄이 그간 긴장의 소용돌이 속에 갇혀 있던 우리 모두의 마음도 함께 풀어주길 간절히 소망하는 이때 박우양 도의원의 출간 소식이 들려와서 더없이 반갑고 따스한 봄 햇살처럼 느껴집니다.

　영동군 심천면이 저의 선대 고향이며 영동군은 저를 3선 국회의원으로 일할 수 있도록 힘을 모아준 저에게는 매우 소중한 고장입니다. 이곳 출신으로 인생 2막을 고향으로 내려와 지역발전을 이끌며 도의원의 길을 걸어가고 있는 박우양 의원을 보노라면 언제나 반갑고 서로에게 힘이 되어주는 동지의식을 갖게 됩니다.

무엇보다도 외유내강外柔內剛의 면면이 참으로 멋진 한 사람이자 영동의 내일을 열어가는 데 부족함이 없는 일꾼이라는 생각을 하곤 합니다. 그래서인지 봄이 오는 길목에서 만나는 그의 출간 또한 더 의미 있는 일이 아닌가 싶습니다.

봄에 꽃을 피우는 나무들은 엄동설한 눈보라를 맞으면서도 그 고초를 꿋꿋하게 이겨낸 후 꽃망울을 맺고 햇살 좋은 날 꽃을 터트립니다. 그리고 다시 비바람을 맞으면서 열매를 맺고 살을 찌웁니다. 지난 8년여 간 도의원으로서 영동에 대한 애정을 의정활동에 쏟아 놓은 박우양 의원의 열정과 노력은 흡사 겨울을 이겨내고 봄을 맞이하려는 나무처럼 강인하고 단단하게 느껴졌습니다. 이제 그가 지나온 시간은 영동과 함께 꽃을 피우는 찬란하고 아름다운 날들을 맞이할 거라는 기대하게 됩니다.

책 속에는 저자의 삶과 철학이 녹아 있습니다. 그래서 한 문장 문장에 그 사람의 가치관을 들여다볼 수 있는 진실이 담기고 그 진실은 읽는 이들의 공감을 얻어내는 게 아닐까요. 한 사람의 인생은 그가 살아온 시대의 역사가 되고 그가 몸담고 있던 땅의 흔적으로 남습니다. 이 책이 바로 그런 내용을 품고 있다고 생각합니다. 그의 어제와 오늘 그리고 내일에 대한 생각과 희망을 들여다볼 수 있는 메시지들이 담겨있습니다.

박우양 의원님! 다시 한번 이 책의 출간을 축하드립니다. 지금까지 그랬듯이 앞으로도 우리 함께 손잡고 함께 희망을 말하며 함께 걸어갑시다.

■ 추천사 2

내일의 목표와 희망을 말해 주는 한 권의 책

신영수
전 국회의원
성남시 수정구 대외협력위원회 위원장

"의원님. 임인년 새해를 맞아 매곡 호총 둘레길 한번 다녀 가시죠. 호랑이 상서로운 기운 받아 코로나19 오미크론인가 뭔가 하는 역병 좀 물리치게."

올 새해 벽두에 인사차 걸려온 박 의원의 전화다. 코로나19로 세상 어수선한 요즘에도 이렇게 하나씩 하나씩 조용히 고향을 위해서 전통과 이야기가 살아있는 무언가를 조성하고 이루려고 애쓰는 박우양 충청북도 도의원의 열정에 감동했다.

박 의원은 6.25 사변둥이로 태어났고 나는 그 이듬해 출생했으니 나이로는 한 살 연배다. 둘 다 태어난 영동에서 초등학교를 마치고 중학교부터는 각각 청주, 서울로 진학했다는 공통점이 있어서 그런지 한 살 연배지만 만날 때마다 오래된 친구 같은 느낌이 들어 푸근하고 좋다. 그런 박 의원과 나를 고향인 영동과 나의 지역구인 성남과 특별한 인연을 맺게 한 것은 다름 아닌 성남시 충청향우회장 시절이었다. 향우 회원 1000여 명을 모시고 송호관광지로 고향 방문을 겸한 야유회를 갔을 때였다. 그때 받았던 따뜻한 환대는 아직도 잊을 수가 없다.

그를 처음 봤을 때 내가 활동했던 중앙의 정치무대에서는 찾아보기 힘든 온화하고 부드러운 품성의 소유자라는 것을 알았다. 지방자치제 의원으로서 보듬고 살펴 주어야 하는 숱한 민원 및 도정의 파수꾼 역할을 할 수 있으리라 느낌이 왔다.

역시 제10대 충청북도의회 의원으로 입성 후 제11대 재선으로 당선되기까지 혁혁한 의정활동을 볼 때 내 느낌이 틀리지 않았음을 알게 되었다. 외유내강의 품성으로 조용한 가운데 이루어내는 추진력은 지방 인구감소와 지역경제 쇠락으로 어려움을 겪고 있는 충청북도 내의 여러 군 중 남쪽 끝에 위치해 더욱 소외당하는 영동군의 지역 성장과 발전을 소리 없이 끌어낼 수 있는 진정으로 필요한 덕망이라고 생각한다.

아는 만큼 보인다는 말이 있다.
두 번의 의정 생활을 거치면서 더 나은 영동을 만들기 위해 고민하고 애쓴 흔적들이 면면히 엿보이는 '지역 경제에 ESG를 심자',

'일라이트로 100년 미래 품은 영동', '소득이 있는 곳으로 사람이 온다', '청년을 불러오려면' 등의 내용은 단순히 아는 것에, 보는 것에 그치지 않고 그것을 실천하고 성취하려는 박 의원 내일의 목표와 희망을 말해 주는 것이기에 더욱 가슴에 와 닿는다.

장년 시절 그 당시 아무나 꿈꿀 수 없었던 미국유학길에 올라 보고 배운 선진문물과 글로벌 감각 그리고 재선 충청북도 도의원으로서 풍부한 도정경험과 그간 쌓아온 인맥으로 처음 10대 충청북도 도의원으로 당선되었을 때의 초심으로 돌아간 박우양 의원. 그가 준비한 무대인 그의 3막을 충청북도와 영동을 위해서 다시 한번 한껏 펼치기를 기대해 마지않는다.

■ 추천사 3

합리적 사고와 글로벌 감각,
고향발전에 아름답게 꽃피우기를

유병주
前 충남대학교 명예교수회 회장

　박우양 충청북도의원의 생각과 신념, 청년에 대한 기대와 사랑, 그리고 의정활동과 지역발전을 위한 비전을 진솔하게 표현한 그의 저서에 추천사를 쓸 기회를 얻게 된 것은 나로서는 큰 영광이라고 생각한다.

　박 의원은 내가 태어난 충북 영동군 매곡면 노천리에서 걸어서 10분 거리인 내동리(안골)에서 출생한 동향이며, 매곡초등학교 선 후배 사이다. 매곡초등학교를 졸업한 박 의원은 청주중학교와 청주고등학교 거쳐 청주대학교에서 경제학을 전공하였다. 대학을 졸업한 후에는 전공인 경제학 분야를 살려 충청대학 경영회계학부 겸임교수와 한국투자신탁 청주지점장을 거치면서, 합리적이고 이성적인 사고와 시각을 가지는 기회와 경험을 쌓았다.

내가 박 의원을 높이 평가하는 이유 중 하나는 그의 도전정신이다. 당시에는 아주 드물게 그는 미국유학길에 올라 The University Northern Virginia에서 MBA 과정에 입학하여 선진 경영학 지식을 공부하게 된다. 또한, 그는 미국 Washington D.C.에 있는 미국기업 CFO로서의 경험과 미국 시사주간지의 이사와 Columnist로 활동하면서 미국기업들과 매스컴에 대한 이해를 통해 폭넓은 국제 감각을 익히는 기회를 얻었다.

박 의원은 부드러운 품성으로 성실하며 선량한 사람이다. 사람과의 소통을 중요시하며 상대방과 대화할 때 권위적으로 자기 생각을 주장하지 않고 조용하면서 겸손하게 상대방의 의견을 경청할 줄 아는 사람이다. 아마도 이런 그의 품성은 뼈대 있는 유교 집안의 영향에서 비롯된 것이 아닌가 생각된다. 즉 자신에게는 매우 엄격하면서도 상대에게는 겸손하게 자신을 낮추고 상대를 배려할 줄 아는 품성이 가정교육에서 자연스럽게 형성된 것으로 생각한다. 또한, 그가 낙향해서 몸소 양봉을 하면서 배운 공존공생의 삶, 즉 콜라보레이션하는 꿀벌들의 생활에서 많은 것을 깨달은 것 같다.

그가 처음 충북도의원에 도전하겠다는 결심을 하고 나에게 상의했을 때, 나는 선뜻 그의 뜻에 찬성하기보다는 만류하는 처지였다. 그의 선량한 품성과 명민함을 알기에 그에게는 생소한 정치판보다는 익숙한 학계나 기업계가 더 맞지 않을까 생각했기 때문이다. 이것은 아마도 그가 한국과 미국에서 경험한 그의 식견과 지식을 고향발전을 위해서 헌신하고자 결심하고 어려운 도전을 하기로 한 그의 열정을 내가 몰랐기 때문인 것 같다. 그는 나의 만류에도 불구하고 과감히 도전했고, 그리고 마침내 민선 10기 도의원으로 당당히 충북도의회에 입성했고 불타는 열정과 신념으로 지역발전을 위해 남이 할 수 없는 수많은 일을 하였으며, 그 결과로 다시 도민들의 평가를 받아 민선 11기에 재선되는 쾌거를 이루었다.

이 책은 충북 도의원 박우양의 생각과 가치관을 이해할 수 있고, 고향과 청년 그리고 우리나라 미래를 걱정하며 고뇌하는 그의 진심을 알 수 있는 책이라고 생각한다.

고향의 선배로서 그에게 바라는 것이 있다면, 선량한 그리고 겸손한 품성 위에, 그의 전공인 경제학의 합리적 사고를 바탕으로, 지난날 미국에 유학하면서 얻어진 글로벌 감각을 갖춘, 그러면서도 도전적인 그의 용기가 우리 지역발전에 더 크고 더 아름답게 꽃피우기를 바랄 뿐이다.

■ 추천사 4

팔방미인이 따로 없습니다

김광식(충청대 명예교수)

지난 설을 쇠기 며칠 전, 안부를 전하고자 통화를 했습니다. 그때 추천사를 말씀하시기에 손사래까지 써가며 천부당만부당하다고 펄쩍 뛰었습니다. 달빛이 햇빛을 빛나게 할 수 없는 일이니까요. 그런데 나지막한 목소리가 흘렀습니다.

"사람은 본디 잘난 사람도 없고, 못난 사람도 없다. 그저 다 평등하고, 다 소중한 거다. 본 대로 느낀 대로만 쓰면 돼. 과장할 필요도 없고, 없는 것을 있는 것처럼 할 것도 없어."

이렇게 말씀하시는데 어찌 1방 미인을 다른 곳으로 돌릴 수 있겠습니까?

2방 미인은요, 선배님은 수재였습니다. 복학한 선배님과 첫 조우는 청주대 경제학과 강의실이었습니다. 계량경제학 시간에 교수님께서 던진 질문에 모두가 고개를 숙이고 있었습니다. 그때 조용히 걸어나가 칠판에 막힘없이 써 내려가는 선배님을 보고 교수님을 포함하여 모두가 감탄한 장면을 잊을 수 없습니다.

선배님께서 잘 베풀었음을 3방 미인 자리로 안내합니다. 대학 시절 휴강과 강의가 빈 시간이 생각보다 많았습니다. 그때마다 우리는 밥 잘 사고, 술 잘 사는 선배님을 졸졸 따라다녔습니다. 마치 어미 닭이 병아리 몰고 다니는 모습과 흡사했습니다. 최근에 안 사실은 그 당시 선배님의 주머니 사정이 넉넉지 아니했다는 점입니다.

서로 바쁘게 살다가 선배님이 한국투자신탁 청주지점장으로 부임하면서 해후했습니다. 직원들이 이구동성으로 말한 "업무 능력과 조직 장악력이 장난이 아니다"를 4방 미인으로 앉히고자 합니다. 인적 네트워크 또한 마당발이라서 난제를 쉽게 풀어가는 매력까지 귀에 들렸습니다.

선배님은 어떤 일도 두려워하지 않았습니다. 일을 따라 미국까지 가셨던 때가 있었습니다. 대한민국이 좁다고 생각하셨던 것이지요. 그곳에서 경제 칼럼니스트로 활약함을 5방 미인으로 부르고자 합니다. 말이면 말, 글이면 글 어느 하나 부족함이 없기에 그저 부러울 따름입니다.

6방 미인은 '인기짱'으로 하고자 합니다. 제가 충청대 재직하고 있던 시절 금융정보과 산학협력 겸임교수로 오셨습니다. 마치 선배님을 위해 기다린 자리였던 것처럼 선배님께서 쏟은 열정은 남달랐습니다. 그러니 박우양 교수님의 인기는 대단했었지요.

의원님의 영동 사랑을 7방 미인으로 소개합니다. 마을회관에서까지 통하는 우양 선배님의 '우향 우'의 부지런함은 소문이 자자하더 군요. 고향 사랑을 위해 청주에서, 서울에서, 세종에서 '우향 우'의 발걸음은 불철주야 내일도 계속될 것입니다.

마지막으로 8방 미인 인증은 제 몫이 아닙니다. 화룡점정 해주실 주인공은 따로 있습니다. 그 주인공이 누구인지는 여러분이 다 아실 것입니다. 저는 믿고 싶습니다. 박우양 의원님의 내일의 모습을 팔각사방미인으로 부르면서 마침표를 찍고자 합니다.

차 례

- 책을 내면서 4
- 영동과 함께 꽃을 피우는 찬란하고 아름다운 날들 되시길 7
- 내일의 목표와 희망을 말해 주는 한 권의 책 9
- 합리적 사고와 글로벌 감각, 고향발전에 아름답게 꽃피우기를 12
- 팔방미인이 따로 없습니다 15

브라보, MY LIFE!: 영동, 사람과 사랑을 잇다

어머니의 품, 안골 내 고향	23
도시에서 흘러간 젊은 날들	26
강단에 서고 창업도 했던 중년 시절	30
고향과 고국을 일깨워준 미국에서의 5년	34
다시 돌아온 어머니의 품 '고향'	37
농촌경제 활성화를 위한 첫걸음	42
초선 이어 재선까지 다시 등 떠밀어준 고향	45
내일은 희망 그리고 더 큰 영동	50

THE First : 영동! Festival village

내 고향 '안골' 노래가 되다	57
호총 둘레길을 걸어요	62
괘방령掛榜嶺, 장원급제 길을 아시나요?	67
삼도봉에서 3도 화합 축제를 열자	71
노근리의 진실, 정의롭지 못했다	75
독도는 우리 땅, 대마도도 우리 땅	80
무엇이 우리를 행복하게 해줄까?	85
"Pay it forward"로 아름다운 세상	90
편견을 넘어 동행	94
나눔은 나눌수록 커진다	98
농업은 타이밍이 결정한다	102
꿀벌이 가르쳐주는 공존공생의 삶	107

THE Second : 청년의 미래 '충북'

소통과 통합의 리더십을 지향한다	115
전통주 지원 조례를 만들다	119
지자체도 컨설팅이 필요하다	124
수출 드라이브 정책을 펴자	128
시소가 한쪽으로만 기울어지면	132
공부하지 않으면 안 된다	136
민원이 존재할 때 지역도 발전한다	139
영농혁신! 가속 페달이 장착됐어요	144
면적 대비가 맞나? 인구수 대비가 맞나?	149
풀뿌리 민주주의 30년	154

THE Third : 정치꾼(?) 아니 도정道政 파수꾼의 길

모럴해저드moral hazard, 더 엄격한 잣대로	161
진인사대천명盡人事待天命도 이것이 먼저	165
마쓰시다 정경숙政經塾이 전하는 메시지	170
우리가 배워야 하는 것들	175
다양성을 인정하는 사회	180
행정이 산업을 앞서가야 한다	184
일라이트Illite로 100년 미래 품은 영동	189
지역경제에도 ESG를 심자	194
방사광가속기, 충북의 내일을 밝힌다	199
소득이 있는 곳으로 사람이 온다	204
청년을 불러오려면	209
영동 관광! 체류형 관광에서 답을 찾자	215
군민건강 지킴이 '파크골프장'	220

브라보, MY LIFE !
영동, 사람과 사랑을 잇다

"2005년 귀국하자마자 나는 고향으로 내려왔다. 당시 연세 80이 가까워지는 노모가 고향 집을 지키고 계셨다. 논과 밭이 그대로 있으니 농사를 지으면서 뒤늦게나마 어머님을 모시고 살기로 했다. 그리고 내가 고향을 위해 할 수 있는 것이 있다면 무엇이든 팔을 걷어 붙여보겠다고 작심했다. 고향으로 돌아온 지 어느새 20여 년의 시간이 흘렀다."

어머니의 품, 안골 내 고향

고향은 예전 그대로다. 산, 들, 하천 그리고 마을과 골목길마저도 변함없이 오래전 그대로 자기 자리를 지키고 있다. 다만 개구쟁이 아이들의 재잘거리는 소리와 황소의 '음매' 소리가 들리지 않는다는 것, 그리고 이엉으로 입혀져 있던 지붕이 이제는 기와나 콘크리트라는 것을 빼고는 내 고향 영동군 매곡면 노천리 안골의 풍경은 어느 시인의 시에 나타난 흙냄새 사람 냄새 진동하는 풍경 그대로였다. 여름이면 조무래기들이 멱을 감고 물장구를 치던 개천이 흐르고, 가을이면 감나무엔 붉게 홍시가 익고, 겨울이면 옹기종기 모여 앉은 이엉 덮인 집들의 굴뚝에서 모락모락 하얀 연기가 피어오르면 눈과 소나무로 치장한 뒷산은 한 점의 풍경화가 되었다.

누가 말했던가? '고향은 어머니의 품'이라고. 내게도 고향은 그랬다. 나이 오십이 넘어 다시 돌아왔을 때 정말 그랬다. 못났든 잘 났든, 실패했든 성공을 했든 고향은 그저 자식밖에 모르는 어머니의 한없이 푸근하고 넓은 가슴처럼 여러 자식 모두를 똑같이 끌어안는 특별한 힘이 있다. 지금 고향에 머무르는 이 순간이 내 삶에서 가장 평온하고 행복한 시간이라는 현실이 다시금 그걸 느끼게 한다.

6.25 전쟁이 일어난 해였던 1950년 9월 나는 충북 영동군 매곡면 노천리에서 태어났다. 그 시절만 해도 농가 70여 호에 달하는 큰 동네였고 선조인 충주 박씨들이 6백 년 넘게 삶을 이어온 마을이기도 했다. 아버지는 서울대학교 재학 중이었고 어머니는 동경 여학교 출신이었다. 다만 예나 지금이나 늘 내 가슴 속에 응어리져 남아있는 한 가지 슬픈 사실은 부친이 누나와 나를 낳은 후 대학 3학년 재학 중에 학도병으로 나가 행방불명이 되었다는 사실이다. 그로 인해 나에겐 떠올릴 수 있는 아버지에 대한 기억이 전혀 없다는 것이 안타까운 일 일 따름이다.

초등학교를 졸업한 후 청주로 나가기 전까지 나의 유년시절도 그 시대 시골의 보통 아이들과 별반 다를 게 없었다. 누나 손을 잡고 놀면서 흙장난 숨바꼭질로 유아기를 보냈고 여덟 살이 되어 3Km 정도 되는 곳에 자리한 매곡초등학교를 다녔다. 학교에 갔다 오면 소를 몰고 야산으로 가서 풀을 먹이고 넓게 흐르던 개천에서 물고기를 잡아 고무신 안에 물을 담아 넣어두고 물놀이를 하곤 했다. 무엇이 그리도 즐거웠을까? 아이들과 함께 늘 깔깔대며 웃고 떠들며 시간 가는 줄 몰랐던 동화 같은 날들이었다.

시국은 5·16 군사혁명 전후였다. 세상은 어수선했지만 물론 그 이유를 제대로 알 수 없는 나이였다. 학교에도 이상한 분위기가 감돌았다. 그 시절 나름 우등생이었던 나는 어린이회장이 되어 아이들을 통솔하는 역할을 했다. 성실하긴 했지만 나 또한 그저 평범한 아이일 뿐이었다. 완장을 찬 기분이기보다는 아이들이 잘 따라주는 게 기분이 좋았다. 선생님들은 한발 물러나 있었고 우리끼리 조회를 하기도 하고 다 함께 잘 협력하는 그런 분위기였다. 시골 학교이지만 이 동네 저 동네 아이들이 모여들어 학년마다 두 학급이나 있었다. 마땅히 마을에 놀이터가 따로 없던 시절이었으니 우리는 수업시간 외에도 많은 시간을 학교 운동장에서 보내곤 했다.

졸업식 날 도지사상을 받고 부상으로 옥편을 받은 일은 세월이 흘렀어도 잊을 수 없는 추억이다. 반세기가 더 지난 시절이건만 지금도 그때 친구들과의 추억으로 들어가노라면 내 삶에서 가장 아름답고 순수했던 시절이 아니었을까 싶다. 기억을 반복해도 아픔이나 외로움이 아닌 풋풋한 시골 소년의 성장기 그대로의 앨범이었다.

도시에서 흘러간 젊은 날들

　이른 나이에 남편을 떠나보낸 홀어머니는 누나와 나 남매를 위해 농사를 지으면서 고향을 지켰다. 그 시절 농촌에서는 보기 드물게 여학교를 졸업한 신여성이었지만 두 아이의 어미로서 억척스럽게 집안을 꾸려가면서도 늘 남에게 베푸는 것을 좋아하셨다. 우리 남매에게는 모든 것을 내어주어도 좋다 할 만큼 교육에 열정적이었고 그 뒷바라지에도 헌신적인 분이었다. 또 마을에서는 새마을부녀회장을 역임하면서 마을의 대소사도 챙기고 이웃 간의 화합을 이끌었다.

　청소년기를 지나면서 그렇게 홀로 고생하는 어머니를 보면 마음이 찹찹해지는 날이 적지 않았다. 그래서 그 황폐한 한국전쟁 시절 가족들만 남겨놓고 떠난 아버지가 마냥 원망스럽기만 했다. 얼굴조차 기억할 수 없는 아버지였으니 사춘기엔 무작정 당신이란 존재를 미워도 했지만, 그 또한 성장기 시절의 순간순간이었다. 철이 들수록 어머니에 대한 미안함과 안쓰러움이 더 커졌으니까.

　초등학교를 졸업하자 어머니는 나를 교직에 몸담고 있던 청주의

작은아버지 집으로 보냈다. 그곳에서 청주중학교 청주고등학교에 다녔다. 방학이 되면 고향으로 돌아와 동네 친구들과 예전처럼 개울에 나가 고기를 잡고 소 풀 먹이기를 하며 보내곤 했다. 하지만 '청주'라는 도시로 나간 시골아이는 도시에서 자고 나란 또래들과의 격차를 현실로 느끼곤 했다.

매곡초등학교 재학 기간 내내 나는 우등생을 놓치지 않았지만, 청주중학교 입학 후 상황은 달라졌다. 중학교도 시험을 치르고 입학하던 시절 당시 각 면 소재지 초등학교 출신 아이 중 내로라하는 우등생들이 몰려들었고 청주 시내에서 공부 좀 한다는 아이들까지 집합한 상황이었다. 노력을 기울였으나 생각처럼 상위권으로 치고 올라가는 게 그리 쉽지는 않았다. 도시락 반찬만 봐도 아버지의 직업을 알 수 있을 만큼 빈부의 격차도 컸다. 하지만 무엇보다도 나를 위축시킨 것은 공부였다.

경쟁은 불가피했다. 입주 가정교사에게 지도를 받는 아이들도 있었지만 그나마 작은아버지 집에서 숙식을 해결할 수 있는 것만으로도 감사해서 해야 하는 처지였던 나로서는 순전히 나만의 의지와 노력으로 나를 지키는 수밖에 없었다. 가끔 중학교 시절을 떠올리면 과학반 활동을 하면서 좋은 성적을 내서 장학금을 받았던 일이다. 그 장학금을 용돈으로 사용하면서 종종 도시락 반찬 대신 나는 국을 사서 친구들과 나눠 먹었다. 대신 나는 그들의 반찬을 함께 먹었다. 그야말로 아주 오래전 옛날이야기가 됐다.

고등학교 또한 시골 출신의 나로서는 적잖게 소외감 열등감을 온전하게 지워버릴 수 없는 시기였다. 당시 입학시험을 치렀고 높은 점수를 받아야만 합격이 가능했던 청주고등학교의 명성은 충북에서 최고였다. 하지만 그 시절에도 서울은 서울이었고 경기중학교 경기고등학교는 전국 수재들의 집합 처였다. 중학교 때 반에서 손가락 안에 들고 집안이 좀 먹고 산다는 아이들은 경기고등학교를 비롯한 서울의 명문고에 입학하는 식이었다. 학비부터가 부담이 되었던 나로서는 서울에 있는 고등학교 진학은 언감생심 그 자체였다.

집을 떠난 객지 생활 때문이었을까. 철도 일찍 든 것 같다. 고등학생이 되면서 나와 가족 그리고 세상의 현실에 대해 직시하면서 정신적으로는 성장기에 접어들기 시작했다. 남매 뒷바라지에 온 힘을 쏟고 계신 어머님에 대한 감사함과 안타까움 그리고 미안함이 뒤엉키면서 내가 집안의 가장으로서 반드시 성공해야 한다는 압박감을 느끼곤 했다.

누구에게나 그렇듯이 운명이란 내가 원하는 대로 이끌어주질 않는다. 경기고등학교에 가지 못한 한을 서울의 명문대 입학으로 풀어 보고자 큰 꿈을 품고 공부를 했지만, 대학 입학시험은 내가 난생 처음 '낙방'이라는 패배감을 느끼게 했다. 나도 어머님도 실망감이 컸다. 경제적으로 형편이 안 되었지만, 무리해서라도 다시 도전을 감행했다. 당시 시험을 치고 들어가야 하는 서울의 종로학원에서 재수하기로 했다.

역시 경제적으로 실력으로 한계가 뒤따랐다. 최선을 다했다고 여겼지만, 명문대 입학은 그저 노력에서 그치고 말았고 여러 가지 여건을 고려한 끝에 나는 다시 청주로 내려왔다. 그리고 청주대학교 경제학과에 입학하여 재학 중 군 복무를 마치고 돌아와 졸업했다. 성장배경 중요하다는 것도 깨달았지만 그렇다고 내가 처해있던 환경을 원망할 일만도 아니라는 것을 깨달았다. 그 시절엔 공부하고 싶어도 못한 이들이 부지기수이었으니 바꿔 생각하면 대학에 갈 수 있는 것 또한 나로서는 그야말로 축복받은 일이 아니겠는가.

이때도 마찬가지로 작은아버지 댁에서 학교에 다녔다. 중고등학교 6년 대학교 4년 모두 10년을 작은댁에서 다닌 셈이다. 아무리 조카라고 해도 긴 시간 숙식을 책임져주고 보호자 입장이 되어주기란 마냥 달가운 일만은 않았을 터이니 나이가 들어서도 늘 가슴속 한편에는 숙부와 숙모님께 감사하는 마음을 간직하고 있다.

강단에 서고 창업도 했던 중년 시절

학교를 졸업한 후 전공을 살리고자 한국투자신탁에 입사했다. 입사 후 당시 영동읍 영신여중 교사였던 아내(유효분 여사)를 만나 결혼을 했다. 이미 숙부가 교사였고 누님도 교사였다. 아내까지 교사였으니 집안이 교육자 집안이 되어버렸다. 입때까지만 해도 훗날 내가 강단에 설 것이라는 생각은 가져본 적이 없었다. 다만 아내에게 미안한 것은 결혼 후 가정과 육아를 위해 정 교사직을 일찌감치 은퇴해야 했다. 그나마 두 아들이 잘 성장했고 큰 애가 피부과 원장이 된 것으로 가정에 헌신한 아내의 심적 위안이 돼주었으리라. 또 늦게나마 계약직 교사로 다시 교직을 이어간 것도 다행스러운 일이었다.

입사 후 나는 회사 운영부에서 약관을 담당했다. 재직시절 나름 아쉬움이 컸던 대학원 공부에 대한 갈증을 고려대학교 경영대학원 연구 과정에 들어가 증권 분석 반을 수료하면서 증권분석사 자격 등을 취득했다. 직장생활 10여 년이 넘어서 80년대 후반 고향인 청주지점으로 내려와 근무하게 된 것은 내 삶의 새로운 전환점이 되었다. 고향에 계신 어머님도 더 자주 찾아뵙고 학창시절 동창들과의 인연도 다시 이어졌다. 태어난 곳을 떠나 넓은 세상에서 성장기를 거치고 다시 돌아온 연어처럼 나는 다시 고향의 품으로 돌아와 중년 시절을 보냈다.

누구나 그렇듯이 앞날은 감히 확신하기 어려운 것. 이 시기에 학교 강의를 할 수 있는 우연한 계기가 찾아왔다. 1996년 충청대학 금융정보학과 강사로 대학 강의를 시작하게 된 것이다. 물론 직장에서 허락했고 근무하면서 시간을 내어 고향의 젊은 후배들을 만나게 됐다. 금융정보학과에서 '금융기관론'과 '국제금융론'을 강의하면서 현업에서 쌓은 지식을 쏟아놓았다. 젊은이들과 함께 시간을 보내면서 그들의 미래에 도움이 되어줄 수 있는 지식을 전달한다는 것만으로도 보람이 있었던 시간이었다.

한국투자신탁 청주지점장을 끝으로 20년 직장생활을 마감한 후에도 강의는 지속해서 이어졌다. 그때만 해도 새로운 도전의욕이 넘치던 40대 후반의 시절이었다. 가족은 물론이고 주변 지인들도 내가 창업을 감행할 것이라는 예상은 하지 않았을 터였다.

지금에 와서 얘기이지만 사실 나는 이즈음 정치에도 관심을 두고 있었다. 인생의 절반을 살아온 나이인 만큼 남은 인생은 내가 나고 자란 땅의 도민들의 대변인이 되어 지난 50여 년간 배우고 알고 느낀 것들을 집약시켜 국회에 입성하는 것도 의미 있는 일이라는 생각이었다. 게다가 청주에 내려와 생활하면서 자연스럽게 쌓인 주변의 사람들과의 관계도 두터워져 있었던 데다 나의 이런 의지에 힘을 실어주려는 이들도 적지 않았다. 도전을 해볼 만한 가치가 충분하다는 견해였다.

걸림돌은 돈이었다. 예나 지금이나 공천을 받아야만 정계에 진출할 수 있는 첫발을 내딛게 되는 게 우리나라 정치의 기본 틀이다. 정치를 모르고 있었던 순진한 나는 그 시절 공천을 받기 위해서는 먼저 수억 원대의 자금이 확보되어야 한다는 사실을 몰랐다. 참으로 직장과 학교밖에는 모르는 순진한 인생(?)을 산 것만 같았다. 이 때문에 한동안 고민이 많았다. 유년시절부터 내내 돈으로부터 자유로울 수 없었던 농촌 출신의 가장이자 평범한 샐러리맨으로 살아왔으니 그런 여유자금이 있을 리 만무했다. '뱁새가 황새 따라가다 가랑이가 찢어진다'라는 속담을 익히 잘 아는 나로서는 빚내서 정치판에 뛰어들었다가 쪽박 차는 신세가 돼서는 안 된다는 것으로 결론을 내렸다.

1999년 퇴직과 동시에 나는 소프트웨어 개발회사인 메디안테크(주)를 창업했다. 직장생활 시절 금융 분야에서 실무를 쌓았고 그즈음 AI 기술이 꿈틀대기 시작했다. 미국에서는 이미 관련 AI 솔루션들이 등장하기 시작했다. 주식변동 예측시스템인 AI 솔루션을 들여와 국내 시장에서 활용하기로 한 것이다.

'사업은 아무나 하나?'라는 말이 실감이 났다. 사업의 성공은 때가 제대로 맞아떨어져야 한다는 가장 기본적인 창업 성공 포인트를 주목하지 못했던 탓일까? AI는 20여 년이 지난 이제야 각 분야로 확산하는 시기를 맞이하고 있지 않은가.

너무 앞선 선택이었다. 그로 인해 사업경험으로 3년간 비싼 수업료를 내야만 했다. 시스템도입 운영으로 사무실 임대료와 직원 너덧 명의 월급을 감당하면서 매월 3천여만 원의 적자를 감당해야만 했다. 결국엔 회사를 접을 수밖에 없었다. 지금은 다 지난 일이기에 웃으며 말할 수 있건만 당시는 한 달 한 달 지날수록 통장 잔액은 줄어들고 수익은 나질 않았으니 나름 맘고생이 적지 않았다.

고향과 고국을 일깨워준 미국에서의 5년

50대 초반의 나이가 되었다. 불과 몇 년의 간격이지만 40대 후반과 50대 초는 마주하는 현실의 격차가 판이하였다. 회사를 접고 어떻게 인생 2막을 준비해야 할까 고민이 시작되는 시점이었다.

그야말로 생각지도 못했던 일이 일어났다. 그 무렵 외사촌 동생이 미국에 있는 한 컨설팅기업의 팀장으로 재직 중이었는데 그가 취업을 제안했다. 젊은 시절에도 생각해보지 못했던 이국땅에서의 직장생활은 걱정 반 기대 반 그 자체였다. 안정적인 삶을 추구하는 이에겐 사실 모험이나 다름없는 선택이었다. 하지만 나는 결정을 내렸다. 일단 먼저 현지에 가서 공부하면서 취업 여부를 선택하자는 쪽으로 마음을 정하고 2001년 워싱턴으로 떠났다. 새로운 일을 저지르기를 좋아하는 사람은 아니지만 그렇다고 도전을 두려워하는 스타일은 아니었다. 나름 충분히 고민해본 후 확신이 서면 그때는 과감하게 뛰어드는 식이었다.

워싱턴에 있는 'The University Northern Virginia'에서 M.B.A 과정

에 입학했다. 하지만 그 시절 내 나이에 공부 하나만으로도 벅찬 상황인데 직장생활까지 병행하기란 그리 호락호락한 일이 아니었다. 그렇다고 해서 수입 없이 공부에만 전념할 수 있을 만큼 경제적으로 쌓아놓은 여유가 있는 처지도 아니었다. 이듬해 워싱턴에 있는 'Kim's Janitorial Services inc'의 부사장이 되면서 MBA 과정은 도중에 포기할 수밖에 없었다.

2년여 동안 재직한 후 나에게 다시 또 새로운 계기가 생겼다. 미국의 시사주간지 'Korea Monitor'의 칼럼니스트로 일할 기회가 찾아왔다. 매스컴에 발을 내디딘 것은 처음이기에 새로웠지만 특별한 경험으로 다가왔다. 일반 직장에서의 생활과는 달리 또 다른 의욕과 열정을 만들어주었다. 애향심과 애국심이 나도 모르게 발로된 것도 이런 환경의 변화로 인한 신선한 충격이었다.

당시 2004년은 독도를 강탈하려는 일본의 야욕이 불거져 한국 국민의 감정이 극도로 고조됐던 시기였다. 독도 영유권 문제는 아직도 끝나지 않은 일본의 억지에 의한 갈등과 분쟁의 불씨이긴 하지만 그때는 일본이 독도에 어깃장을 놓던 초기였다. 컬럼니스트 이었기에 독도의 경제적 가치를 집필하기 위해 자료를 수집하는 과정에서 놀라운 발견이 있었다. 갑술년, 고종 11년인 1874년에 제작된 우리 지도가 바로 미 국회도서관에 있었다. 독도와 대마도가 우리나라 땅이라는 고증지도였다. 가슴이 뛰는 감동과 기쁨을 느끼면서 나는 즉시 국내 '오마이뉴스'에 사진 자료와 원고를 송고했고 이것이 게재되었다.

 이뿐만이 아니었다. 나는 몸담고 있던 ≪Korea Monitor≫ 잡지에 우리 고향의 아픈 역사적 사실인 '노근리사건'과 관련된 감추려고 했던 진실을 공론화시키고 규명을 해보고자 시도했다. 그러나 현지에서 한미 갈등 유발을 미리 염려한 편집진들의 소극적인 태도로 뜻을 펼치지 못했다.

다시 돌아온 어머니의 품 '고향'

미국 생활에 적응하며 바쁘게 생활했다. 하지만 무슨 연유에서인지 때때로 밀물처럼 밀려오는 어린 시절의 고향 생각에 젖어 들곤 했다. 몇 걸음만 옮기면 만나는 개나리 진달래가 만발한 뒷동산, 탐스러운 박이며 빨간 고추가 널려 있던 유년시절의 초가지붕, 사시사철 변함없이 흘러내리는 마을 앞 개천, 한겨울 하늘에 연 날리던 기억 등등 정겨운 풍경들이 떠오를 때마다 새삼 아득한 세월을 실감했다. 동시에 새로운 자각이 찾아들었다. 낯선 미국 땅에서 큰돈을 모으거나 유명인사가 되고자 하는 목표가 있는 것도 아니었다. 부귀영화를 누려보겠다는 욕심은 애초에도 없던 사람이다. 그러니 어머님, 아내, 두 아들과 떨어져 있는 나에 대한 의문이 던져졌다.

'이대로 여기서 나이 들어갈 수는 없지 않은가?'

사실 젊은 시절의 나는 고향이 시골이라는 것에 무척 거부감을 느끼고 있었다. 선조들께선 낙향해 선비정신을 훼손하지 않고서도 청빈 낙도 하며 유유자적 지냈지만, 후손들은 점점 가난만 대물림

했던 그곳이 아니던가. 교육을 비롯한 모든 기회와 물질적인 면면에서 매우 부족했기 때문에 시골 생활에 크게 실망했던 터였다. 다시는 그 고향으로 돌아가지 않으리라고 다짐하고 또 다짐했던 나였다. 그런데 아이러니하게도 외국 생활을 하면서 가장 생각나는 것은 어린 시절 친구들과 시냇가에서 고기 잡고 멱 감던 고향에서의 추억이었다. 참으로 의아스러운 일이 아닐 수 없었다. 그저 과거의 일로만 치부했던 기억들이 꿈속에서까지 나타나니 그것이 바로 향수였다.

중국 진(晉)나라 시인 도연명(陶淵明)의 마흔한 살에 마지막 관직을 사직하고 고향으로 가는 소회를 쓴 작품 '귀거래사' 저절로 떠오르는 것은 대체 무슨 연유일까?

歸去來兮   돌아가자!
귀 거 래 혜
田園將蕪胡不歸 논밭 장차 황폐해지거늘 어이 아니 돌아가리.
전 원 장 무 호 불 귀
旣自以心爲形役 지금껏 내 마음 몸의 부림 받았거니,
기 자 이 심 위 형 역
奚惆悵而獨悲 어찌 홀로 근심에 슬퍼하고 있는가….
해 추 창 이 독 비

결국, 5년간의 미국 생활을 마치고 2005년 귀국하자마자 나는 고향으로 내려왔다. 당시 연세 80이 가까워지는 노모가 고향 집을 지키고 계셨다. 논과 밭이 그대로 있으니 농사를 지으면서 뒤늦게나마 어머님을 모시고 살기로 했다. 그리고 내가 고향을 위해 할 수 있는 것이 있다면 무엇이든 팔을 걷어 붙여보겠다고 작심했다.

20여 년의 금융권 생활, 학교 강의, 창업, 미국 생활 등등 지나간 일들은 그저 청년 중년 시절의 과거로 남겨놓기로 했다. 논농사와 배 농사를 지으며 양봉도 쳤다. 동네 사람들에게 하나부터 열까지 일일이 물어물어 가면서 농사를 배웠다. 트럭도 사서 운전을 하고 다녔다. 특용작물이나 대규모 시설 작목이 아니면 그저 먹고 사는 것만으로도 만족해야 하는 게 농업의 현실이다. 크게 남는 게 없어도 친지들과 지인들에게 수확한 농산물을 나눠주는 재미로 살 작정이었다.

어느 곳에서 살든 사람들과의 소통은 인연이 되고 그것이 또 하나의 공동체를 형성하기 마련이다. 고향으로 돌아온 지 몇 년 지나자 지역 언론인 〈영동타임지〉 운영회장과 논설위원을 겸직하면서 3년에 걸쳐 '알기 쉬운 경제칼럼'을 통해 농촌경제의 어려운 현실을 타개하기 위한 정책과 대안을 제시했다. 고향에서의 삶이 뿌리를 내리면서 몸은 갈수록 바빠졌다. 지역주민들, 선후배들과 만남이 잦아지면서 동문회, 사회단체, 봉사단체 등에서 중책을 맡게 되었다. 농사지으랴 단체 활동에 참여하랴 시간을 쪼개야 하는 현실이 되어갔지만, 지역과 주민을 위해 뛰어다니는 그 시간은 내가 고향을 위해 작든 크든 무언가를 하고 있다는 보람으로 이어졌다.

2007년부터는 4년간 영동군 매곡면 체육회장을 맡아 지역주민들과 화합을 다지는 일에도 나섰다. 영동이 지닌 천혜의 자연을 활용한 관광사업의 목적으로 백두대간의 허리를 연결하는 개춘리, 평전리의 신랑바위와 각시바위를 중심으로 등산로를 개설했다. 남녀커플이 신랑바위와 각시바위를 등산하면 결혼으로 이어진다는 스토리텔링의 등산 관광을 도입하고 애호가들의 등산코스로 자리 잡게 했다. 이런 지역 활동 중에서도 내가 목소리를 크게 내도록 한 것은 다름 아닌 지역의 문화유산 발굴과 복원이었다. 이는 더 늦기 전에 복원하고 대외적으로 알려서 관광 자원화시키고 지역경제에 도움을 줘야 한다는 소신이 갈수록 굳어져 갔다. 삼도봉 관광 자원화와 축제, 괘방령 관광 명소화, 난계국악원 홍보와 활성화, 영동와인 홍보 등등. 우리 영동의 다양한 유산과 그 가치를 알리고 키워가야 하는 일이 한둘이 아니라는 것을 깨달았다.

그 무렵 '괘방령'은 가장 시급한 과제였다. 김천 대항면에서 영동군 매곡면을 잇는 이 고갯길은 조선 시대 영남지역 유생들이 과거를 보러 다니던 길로 당시 유생들 사이에서는 추풍령을 넘으면 추풍낙엽처럼 떨어지고, 괘방령을 넘으면 장원급제한다는 이야기를 품은 고개다. 아주 오래전부터 관광명소로 군림하고 있는 '문경새재'를 떠올리지 않을 수 없는 일이었다. 조선 선비들의 벼슬길이자 조선 시대 영남과 한양을 잇는 관문 역할을 한 '문경새재'를 생각하니 여태 잠자듯 숨어있는 '괘방령'이 마냥 안타깝기만 했다.

이때부터 '괘방령 명소화 사업'을 추진했다. 수차례에 걸친 답사를 통해 경북 김천시에서 설치한 괘방령의 표석이 영동군 경계를 침범해 세운 것을 발견했고, 이장단과 함께 영동군과 김천시 등에 시정을 요구해 2009년 지금의 위치로 이전해 놓았다.

　무엇보다도 이 고갯길은 충청북도와 경상북도의 경계이므로 충북도민과 영동군민의 자존심과 위상을 높이는 계기가 되었다. 그 후 영동군의 찬란한 문화유산인 괘방령 과거 길이 김천시의 지명이 아닌 영동군의 괘방령이 되도록 선점하는 것이 중요하다고 인식하고 계속해서 '괘방령 명소화 사업'에 애를 써왔다.

농촌경제 활성화를 위한 첫걸음

고향으로 돌아올 때만 해도 정치는 안중에도 없었다. 이미 40대 후반 시절 정치에 대해 한 차례 고민하다가 접었던 터여서 더욱 그랬다. 인생 2막을 부나 명예는 잊어버리고 오로지 고향의 자연과 고향 사람과 함께 동고동락해보겠다는 마음 하나뿐이었다.

하지만 막상 농촌에 살아보니 느끼는 것이 한둘이 아녔다. 누군가는 나서서 해야 할 일들이 부지기수라는 사실을 깨닫기까지는 그리 오랜 시간이 걸리지 않았다. 특히 직접 농사를 지으면서 농촌과 농민의 현실을 제대로 알리고 지역의 경제를 발전시키기 위해서는 해당 지역 정치인들의 역할과 노력이 많다는 것을 실감했다. 다시 고민하기에 이르렀다. 어떻게 할까? 무엇을 해야 할까?

어차피 남은 삶을 고향에서 보내기로 작정한 이상 고향을 위해 더욱 계획적이고 체계적으로 봉사해야 하지 않겠는가. 이런 결론을 얻으면서 2010년 충북도의원 영동 제2선거구(황간, 매곡, 상촌, 추풍령, 용산, 심천, 양산, 용화)에 당시 한나라당 후보로 출마했다. 도의원이라는 자리가 정치인이긴 하지만 우리가 생각하는 여느 국회의원들과는 활동영역과 역할의 차이가 분명하기에 나는 고향을 위한 파수꾼이 되는 일이라고 마음먹었다. 당시 나는 이렇게 말했다.

"영동에서 태어나 청주에서 중학교, 고등학교, 대학교에 다녔습니다. 인맥과 학맥이 청주에 많이 있으니 영동과 청주의 가교역할을 담당하는 것이 제게 주어진 사명이라고 생각했습니다. 저를 낳아준 고향을 위해 봉사하기로 새롭게 다짐했습니다. 경제학을 전공한 저는 농촌경제를 활성화하는 데 일익을 담당할 수 있다는 강한 믿음을 가지고 있습니다."

충북도의원에 출마하게 된 직접적인 동기는 작은 농촌의 군 지역에 대한 소외감이었다. 충청북도의 오지개발 사업비가 정작 오지에 속하는 영동군이나 단양군이 아닌 다른 군에 가장 많이 사용하고 있는 등 충북도의 정책 결정에서 영동군이 철저히 소외당하고 있다는 사실에 가슴이 아팠다. 또 괘방령 명소화를 추진하는 데 있어서 영동군과 국가에서 지원해주기로 약속을 했음에도 불구하고 충북도에서 유보되었다는 이야기를 듣고 화가 났다. 이제는 영동군의 이익을 대변하는데 팔을 걷어붙여야겠다고 결심했다. 군민들의 농업경쟁력을 강화하고, 복합영농 경영지원을 확대하는 한편 모두가 다함께 잘 사는 농촌복지 혜택만은 반드시 이루겠다고 약속했다.

아무리 좋은 의도에서 출발하고 나름대로 노력을 기울였다고 할지라도 우리 옛 속담은 진실에 가깝다는 것을 다시 한번 깨닫는 계기가 됐다. '첫술에 배부를 리가 있겠는가'라는 말이 맞았다. 투표 결과, 낙선의 고배를 마시고 말았다. 준비의 시간이 짧았다면 짧았던 게 아닌가. 신명과 열정을 다했기에 후회는 없었지만 아쉬움이 남을 따름이었다.

이미 나 자신과 약속을 한 터였다. 설령 낙선되더라도 군민을 위해 계속 봉사하겠다는 군민들과의 약속을 지켜야 한다는 것. 그러니 낙선했다고 해서 어디론가 숨을 필요도 없었고 영동군민의 한 사람으로서 살아온 그대로 현업인 농업을 유지하면서 지역사회를 위해 할 수 있는 일에 관심과 시간을 쏟았다.

2009년부터 모교인 매곡초등학교 총동문회장으로서 활동해왔다. 우선 매곡초등학교 총동문회 카페를 개설해 경향 각지에 흩어져 있는 동문을 한자리에 묶어 동문의 활성화를 꾀하면서 재경총동문회 결성과 장학지원사업 그리고 향후 폐교에 대비해 학교지원 등에 힘을 보탰다.

초선 이어 재선까지 다시 등 떠밀어준 고향

낙선 후 달라진 것은 없었다. 농사를 짓는 일 외의 생활 대부분은 지역발전을 위한 일에 봉사하는 일로 지냈다. 다만 고향에서 생활하는 해가 거듭될수록 보고 듣고 몸소 체험하면서 농촌의 근본적인 문제 해결을 위해 더욱 심혈을 기울이게 됐다.

농촌은 인구의 고령화로 인한 소득 불균형이 갈수록 심각한 상황이라는 것을 알았다. 교육기가 부족한 것은 물론이고 문화생활이 빈곤하며, 의료혜택의 수혜가 낮았다. 이런 문제들을 개선하는 데 일조를 기하고자 이런저런 공부하고 모임에 참여해 토론하면서 보냈다. 농산물판매 법인화나 농산물 직거래제도 등 새로운 사업을 발굴하는 데도 노력을 기울였다.

한편 '샘물 사회봉사단'의 후원회장으로서 의료봉사 지원, 푸드뱅크 나눔 등을 통한 지속적인 사회봉사가 이루어질 수 있도록 하고자 지인과 인맥을 동원하느라 바쁘게 움직이기도 했다. 지역봉사단체인 만큼 재정 면에서 여유가 없어서 많은 어려움을 겪고 있었기에 후원을 받을 수 있는 곳이라면 지역을 가리지 않고 사방팔방으로 찾아다녔다.

그 무렵 한 언론사와의 인터뷰에서 고향에 대한 소신을 이렇게 밝혔다.

"타인을 위해 사는 삶이 가장 의미 있는 삶이며, 삶의 근원인 고향을 위해 봉사하는 것은 그 무엇보다도 가치 있는 일입니다. 고향은 빈부의 여부, 출세의 여부, 학식의 여부, 미추의 여부를 떠나서 남녀노소를 불문하고 누구나 어머님 품처럼 포근하게 반겨주는 곳이거든요. 저에게 고향은 삶의 근원이죠. 일과 자연, 신념과 열정의 의미를 가르쳐주는 곳이니까요."

나는 지역활동가로 일하면서 지역의 발전은 인재에 의해 이루어지며, 지역발전과 변화에 대한 지역주민들의 일치된 여론 즉 의견일치가 형성되어야 한다는 것을 절감했다. 그러기 위해서는 무엇보다 지역 출신 인재에 대한 체계적 육성과 인적 네트워크의 구축이 필요하다고 여겼다. 지역 출신 인재들의 정보 제공 및 정보 공유와 지원이 필요했다. 비록 외지에서 학교에 다녔지만 그래도 많은 분야에 다양한 인맥을 갖고 있어 나와 같은 사람이 고향을 위해 봉사하는데 적임자라는 확고한 믿음이 생겼다.

이런 나의 소신이 영동군민들의 마음으로 전달된 것일까. 많은 분의 지지를 업고 2014년 민선 6기 도의원에 재도전했다. 내가 가진 역량과 경험을 살려 고향을 위해 봉사하기를 원하는 군민들의 마음이 합쳐져 도의원으로 당선됐다.

초선의원 시절은 그야말로 분주하게 움직여야 했다. 영동과 청주를 밥 먹듯이 오가면서 발로 뛰어야 하는 시간이었다. 도의원으로서 시작해야 할 공부도 많고 활동을 위해 만나야 할 사람도 많았다. 첫 무대이었기에 마음은 급하고 할 일은 많기만 했다. 집안 농사는 뒷전이 되고 오로지 4년간 영동군 발전만을 생각하며 움직였다.

세상일이 내 뜻대로 된다면 더할 나위 없이 좋겠지만 아무리 애를 써도 어쩔 수 없는 일들도 많았다. 무엇보다도 군민들의 민원을 전적으로 이해하면서도 속 시원하게 해결하지 못 하는 일도 많았다. 그나마 다행스러운 것은 초선 기간 도비 101억 6천여만 원을 확보하여 9개 면 162건의 어려운 주민숙원사업을 해결한 것이었다.

시간은 그야말로 쏜살같이 흘러갔다. 맘 편하게 친구 한번 만나보지 못하면서 시간이 흘러갔다. 2018년 민선 7기 선거가 다가왔다. 황간면에서 선거사무소를 개소하고 영동군 제2선거구에서 재선에 도전한다고 밝혔다. 당시 개소식을 하는 나의 계획과 다짐을 이러했다.

"중단 없는 도의회 활동을 위해 꼼꼼히 준비해 실천하겠습니다. 그동안 의정활동을 통해 영동군 구석구석 낙후된 곳을 잘 알고 있어 누구보다 예산을 확보하는데 자신감이 있고 영동군 발전을 위해 하나하나 챙겨 나가도록 하겠습니다. 특히 삼도봉 균형발전방안, 일라이트 산업 육성, 4차 산업혁명 시대의 선제적 대응방안 계획을 차근차근 수립해 끝내지 못한 현안사업을 실천토록 할 것이며, 또 농업군인 영동군의 농산물유통구조개선, 밭떼기 거래 해결을 위한 산지유통센터 지구별 설치로 농가소득증대를 꾀하겠습니다"

영동군민들은 다시 한번 나 '박우양'을 믿어주셨다. 민선 7기 재선에 당선됐다. 군민들의 응원과 지지에 내가 져야 할 책임감은 더욱 막중해졌다. 그런데도 지난 4년은 아쉬움과 미련이 적잖게 남는 시간이다. 개인적으로는 최선을 다했다고 말할 수 있지만 주어진 환경은 여러모로 난관 그 자체였다.

정치인의 활동에는 정당의 힘이 크게 작용한다. 민선 7기에 들어서니 28대 4로 여대 야소의 상황이 되었다. 오죽하면 초기에는 의원 수가 적어 원내교섭단체도 꾸릴 수 없는 상황이었다. '견제와 균형'이 자체가 안 되는 현실이었으니 답답하기 그지없었다. 그나마 보궐선거를 통해 우리 당 의원 한 명이 늘어나면서 도의회 활동에서 힘을 얻게 됐다.

초선 기간보다 활동 면에서는 한결 수월했다. 추구하는 방향이 정확하고 추진하는 방법을 알게 된 만큼 내가 할 수 있는 일이라면 목소리를 내는 데 주저하지 않았다. 의회 회기 중 수시로 5분 자유발언을 통해 농촌 지역 농업과 농민의 현실을 알리고 충북 경제발전의 중요성을 강조했다. 우리 군민과 충북을 위한 각종 조례 제정을 위한 발제와 토론회를 하는데 열정을 미련 없이 쏟았다. 도의원은 도 예산을 심의하고 삭감은 가능하지만, 증액은 불가능하다. 군민들이 희망하는 숙원사업들을 100% 만족하게 해드리지 못해 아쉬움이 남지만, 도의원의 역량 내에서 할 수 있는 일은 무엇이든지 어떻게 해서든 지 해보고자 심혈을 기울였다는 생각이 든다.

내일은 희망 그리고 더 큰 영동

로마가 하루아침에 이루어지지 않았듯이 우리 군민들이 새로운 희망을 품을 수 있는 지역 기반사업이나 프로젝트도 단기간에 이루어질 수는 없다. 어떤 일이든 아이디어나 계획만으로는 넘어야 산이 많다. 법과 행정절차, 비용, 시간, 군민의 지지와 참여 등이 과정이 필요하다. 외지에 사는 누군가를 만났을 때 "영동의 미래는 어떤가요?"라는 질문을 받는다면 분명한 것은 10년 전과 지금은 다르다는 것이다.

"희망 있습니다. 지켜보시면 압니다. 우리는 이미 시작된 새로운 프로젝트들이 있습니다. 또 앞으로 이루고자 하는 것들에 대한 마스터플랜도 열심히 만들고 있으니까요."

나는 이렇게 자신 있게 말할 수 있다. 미래 발전을 위한 우리 영동군의 변화가 서서히 일고 있는 게 사실이다. 충청북도농업기술원 남부분원 건립이 진행 중이고 영동의 미래 먹거리가 되어줄 일라이트의 사업화 제품화도 이미 시작됐다. 영동군을 대표하는 농산물과 특산품은 그 종류가 늘어나고 있고 둘레길과 명소를 비롯한 천혜의 자연환경을 관광 자원화하고자 하는 노력도 시작됐으니 이제는 외지인들에게 '어서 오세요'라고 자신 있게 손짓할 수 있을 것 같다.

인간은 행복하기 위해 살아가지만, 행복의 기준은 사람마다 다르다. 그 때문에 평범한 행복이나 비범한 행복이나 자신이 어떤 유형의 행복이든, 일단 행복을 만들어 나아가는 것이 중요하다는 게 나의 인생 철학이다. 예나 지금이나 정치에 대한 나의 소신은 '자고로 정치는 모든 국민을 행복하게 만들 의무가 있다'라는 것이고 수시로 말한다. 영국의 철학자이자 법학자인 벤 덤이 주장한 것처럼 최대 다수의 최대 행복이 정치의 목적이라고 생각한다. 도의원으로서 걸어온 길도 또 앞으로의 길도 나는 우리 군민의 행복을 위해 그 길잡이 역할을 할 것이다.

도의원 박우양에 대한 사람들의 평은 제각각이다. 누군가는 진솔하고 솔선수범하는 장점이 있다고 말하고 또 다른 사람 중에는 너무도 인간적이라 우유부단하다는 충고를 건네기도 한다. 후자의 평을 접할 때면 나는 내 안의 나를 다시 생각한다. 그리고 다짐한다. '어떠한 결정을 해야만 할 때 비록 선일지라도 큰 것을 위해서는 작은 것을 버려라. 그것은 악이 아니다' 즉 '현명한 잔인함이 진정한 자비다'라는 마키아벨리의 군주론을 원용하려고 노력한다.

'수구초심首丘初心'이라는 말이 있다. 여우도 죽을 때 머리를 자기가 살던 굴로 향한다는데 어찌 한시인들 고향을 떠나서 내 안위를 말할 수 있겠는가? 조상 대대로 뼈가 묻힌 고향의 산, 아직도 어릴 적 친구들이 사는 그 고향 마을을 어찌 잊겠는가. 고향으로 내려온 지 어느새 20여 년의 세월이 흘렀다. 지난 8년간 박우양을 믿고 고향을 위해 열심히 일해달라고 등을 떠밀어주신 영동군민들에게 다시 한번 감사를 드린다.

　나는 미국 제32대 대통령 루스벨트Franklin Delano Roosevelt를 존경한다. 그는 소아마비 장애임에도 불구하고 미국의 대 경제공황을 극복하고 전대미문의 4선을 했다. 언제나 그는 국민의 고통을 어루만져 주었던 대통령으로 '두려움을 두려 하지 말라'고 했다. 나에게는 영동이 있고 그래서 두려울 게 없다. 다가오는 도의원 민선 9기에서 활동할 기회가 주어진다면 그간 쌓아온 도의원으로서 경험과 토대 위에 더욱더 살맛 나는 영동 건설을 위한 온갖 노력을 기울이고자 한다. 내가 태어나고 또 언젠가는 묻힐 고향 영동이니까.

THE First
영동! Festival village

내 고향 영동은 포도와 곶감을 비롯한 다양한 농산물이 유명하지만, 먹거리 못지않게 천혜의 자연환경과 호총 둘레길, 괘방령掛榜嶺, 장원급제길, 영국사, 반야사, 박연 선생 등 오랜 역사와 문화를 품고 있는 곳이기도 하다. 농업을 기반으로 공존 공생하는 영동에서 지금 우리는 행복을 부르는 아름다운 세상을 만들어가는 중이다

① 영국사 당산제
② 영동포도축제마라톤
③ 삼도봉 기념탑
④ 감고을 은빛축제

❶ 독도 방문
❷ 대조선도 울릉도 독도 표시
❸ 大朝鮮圖(대조선도)
❹ 자랑스러운 영동인 시상
❺ 봉곡리 주민의 날
❻ 영동 ~ 양산 둘레길 개통식
❼ 난계풍물단
❽ 세계무예마스터십 시상

❶ 대조선도 중 〈강원도〉
❷ 영동와인축제
❸ 노근리 쌍굴다리
❹ 호총 둘레길 표지판
❺ 노근리 70주년 기념식
❻ 원로회의 회원과 봉사활동

내 고향 '안골' 노래가 되다

"정기서린 황학산이 흐뭇하게 내려오다가
… 아 아 님 보고 싶어 꿈속에 가는 …."

해는 지고 달빛이 유리문을 타고 찾아든 가을 저녁 시골 마을 민가에서 흘러나오는 노랫가락이 인적 드문 골목길로 퍼져나간다. 기타를 치는 이가 누구인지 그 소리가 예사롭지 않다. 2021년 10월의 어느 날 밤, 코로나 19가 기승을 부리는 탓에 잔뜩 움츠러든 도시와는 달리 이곳은 딴 세상이다. 내가 살고 있는 영동군 매곡면 내동1길, 안골의 정경이다.

한동네에서 태어나 유년시절을 함께 보낸 초등학교 동창생 두 사람이 마주 앉았다. 어느새 머리에 서리가 내려앉아 70이 넘은 나이가 된 그들이 한밤중에 고향을 주제로 한 노래를 부른다. 2030 젊은 시절이었다면 이런 노래를 불렀을까 싶다. 청춘과 사랑, 젊음과 열정이 넘쳐나는 나이이니 그 누구라도 튀지 않는 장단에 목을 내어 줄 리 만무했을 터이다.

죽마고우인 최영식은 초등학교 3학년 때 서울로 전학을 간 후로 어쩌다 명절 때나 아니면 특별한 일이 있을 때 얼굴을 보았을 뿐 젊은 시절엔 자주 만나지 못했다. 5년 전이었다. 기타리스트로 활동하면서 나름 큰 무대 위의 연주자로서 입지를 굳혔던 그가 현업에서 은퇴한 후 고향으로 내려왔다. 귀촌한 지 이미 10여 년이 넘은 나였지만 친구의 귀향은 여간 반가운 일이 아닐 수 없었다. 아래윗집에 붙어살았던 친구와 노년기를 함께 보내게 된 것은 돈이 두둑한 통장 하나를 얻는 것보다 더 든든한 지원군을 품게 된 일이었다.

역시 친구만큼 곁에 있다는 것만으로도 편안하고 힘이 되는 존재는 없다는 것을 실감한다. 각자의 생활이 있다 할지라도 아침 점심 저녁 시도 때도 없이 이름 두 글자만 부르면 담장 너머로 웃는 얼굴을 드러내고 가족들 얘기는 물론이고 안방 살림살이까지 낱낱이 꿰차고 있는 벗이다. 더욱이 도 의정활동으로 바쁜 나에게는 언제든지 소소한 도움을 요청하면 기다렸다는 듯이 응해주는 그가 더없이 고맙고 감사한 존재다.

그 날 밤도 친구가 집에 찾아왔다. 흘러간 옛 시절의 이런 저런 얘기를 나누던 중 우리는 고향 안골의 노래를 만들어 보자는 데 의기투합했다. 친구는 타고난 연주자이니 작곡을 책임지고 나는 가사를 붙여보았다. 불과 몇 시간 만에 '안골의 노래'가 탄생했다. 물론 그 후 몇 차례에 걸쳐 수정과 보완을 했지만, 우리 스스로 만족스러울 만큼 의미 있는 작품이 됐다.

고향을 주제로 노래 한 곡 만든다는 것은 마음만 먹으면 그리 어려운 일은 아니겠지만 누구나 자신의 일상의 삶에 전념하다 보면 결코 쉬운 일도 아니다. 나이가 들고 자식들은 성장하여 출가했으니 먹고 사는 일에 급급한 입장은 아닌 게 사실이다. 그도 나도 노년의 시간을 고향에서 함께 보내고 있으니 마음이 하나로 합쳐지고 노래 한 곡 탄생을 위해 서로가 잘 할 수 있는 것에 집중할 기회도 생긴 것이다. 무엇보다도 음악을 아는 친구의 힘이 큰 영향력을 발휘했다. 이 노래가 완성되는 날 우리는 마치 세상에서 가장 위대한 일을 한 것 같은 기분에 휩싸여 포도주로 축배를 들기도 했다.

마을의 행사나 경사가 있는 날이면 '안골의 노래'는 그야말로 빼놓을 수 없는 주인공이 될 것이다. 이곳에서 나고 자란 고향 사람들이 늘 보고 듣고 즐겼던 모든 추억을 소환해 만들었으니 고향 사람이라면 처음 들어도 고개를 끄덕일 게 분명하다. 아니 "아! 정말 우리 동네 노래이네"라고 박수를 쳐 줄 것이라는데 믿어 의심치 않는다. 다만 야속한 것은 코로나19로 인해 지역의 행사나 축제가 열리지 못하니 안골의 노래를 자랑할 기회가 없다는 것이다. 물론 창작으로 탄생한 이 노래가 사라질 일은 없으니 내일의 축제를 기다리면 될 일이다.

안골의 노래

작사 박우양 / 작곡 최영식

정기서린 황학산이 흐뭇하게 내려오다가
장교천 마저도 얼싸안고 돌아가는 곳
호랑이 전설 어려 삼천리에 흩어지면
아 - 아 님 보고 싶어 꿈속에 가는
충효가 수놓은 아름다운 안골 내 고향

앞동산엔 진달래꽃 뒷동산에 뻐꾸기 울면
길가는 나그네 와인향기 걸음 멈추고
냇가에 둘러앉아 정담을 나누는 곳
아 -아 님 보고 싶어 꿈속에 가는
꽃향기 수놓은 정이 어린 안골 내 고향

호총 둘레길을 걸어요

2022년 임인년壬寅年 검은 호랑이의 해가 시작됐다. 좋은 기운이 일어날 것만 같은 느낌이다. 개인적인 소망도 그러하겠지만 무엇보다도 우리 마을 안골이 영동을 대표하는 새로운 명소로 거듭나는 한 해가 되길 기원하는 마음이 간절하다.

혹자는 도의원으로서 어찌 자신의 고향 마을만 챙기느냐는 질타를 할 수도 있겠건만 안골마을 뒷산에 자리한 호랑이 무덤 호총虎塚에 얽힌 사연을 알게 되면 그것은 단지 기우에 불과했음을 깨닫고 생각이 달라질 것 같다. 안골마을을 떠나 영동군의 자랑이자 역사이고 나아가 충북의 역사적인 명소가 또 하나 추가되는 일이기 때문이다.

한민족의 삶에서 호랑이만큼 친숙하고 가까운 동물이 또 있을까. 건국신화에 등장하는 것은 물론이고 수많은 전설과 설화에도 호랑이는 빼놓을 수 없는 존재감을 느끼고 있다는 사실이 그렇다. 그래서인지 민화를 비롯한 그림이나 조각 등에도 단골로 등장하지 않던

가. 과거 청나라에서는 호랑이 이야기로 가득한 조선을 '호담국虎談國'이라고 불렀을 정도였고 우리나라 지도를 보아도 호랑이의 모습과 흡사하지 않은가. 이쯤 되면 한국은 '호랑이의 나라'라는 자부심을 품어도 좋지 않을까 싶다.

영동군 황간면 소계리 상주골이자 매곡면 내동마을(안골) 뒷산 호점산에는 호총이 자리해 있다. 이미 방송에도 소개되고 사료에도 기록되어 있다. 여느 전설처럼 구전으로만 전해져 오는 게 아니라 실제로 무덤까지 있는 호총실기虎塚實記가 전해져 내려온다. 조선시대 황간현의 역사를 기록한 '황계지'에는 호랑이도 감복한 효자 오촌梧村 박응훈 선생과 호랑이에 관한 내용이 상세히 기록돼 있다. 당시 조선 왕실까지 전해져 선조가 1601년 '효자오촌박응훈지려'라는 편액을 하사했을 정도다.

안골마을의 호랑이 이야기는 지금으로부터 600여 년 전의 조선 선조 시대로 거슬러 올라간다. 이곳은 지금까지도 충주 박씨가 뿌리를 내리고 있는 마을이다. 당시 실존 인물이었던 오촌은 아버지가 병석에 눕자 약을 구하러 한밤중에 100리가 넘는 길을 나섰다. 백화산을 넘어 약방이 있는 경북 상주로 가는 길에 갑자기 호랑이가 그의 앞에 나타났고 호랑이 등에 올라탄 오촌은 무사히 약방에 가서 약을 지은 후 다시 호랑이를 타고 다시 집으로 돌아왔다. 이런 아들의 효도로 그의 아버지는 92세까지 장수를 누렸다고 한다.

호랑이와 오촌의 인연은 여기서 끝나지 않는다. 부친이 세상을 뜨자 지관과 함께 묘 터를 찾기 위해 뒷산에 올라가자 이번에도 그 호랑이가 나타나 상복을 물고 따라오라며 그를 이끌었고 호랑이가 멈춘 자리에 부친의 묘를 쓰게 된다. 호랑이가 점지해준 묏자리 호점산소는 지관이 봐도 감탄할만한 풍수지리적으로 명당이었다. 그 후 오촌이 3년 시묘살이를 하는 동안 호랑이는 수시로 산짐승들을 잡아다 그에게 주었고 그때마다 오촌은 재상에 올리게 된다. 하지만 그가 시묘살이를 끝내고 내려와 몇 달이 지난 후 꿈속에 호랑이가 함정에 빠져 눈물을 흘리는 모습이 나타났다. 이에 말을 타고 백여 리가 넘는 산길을 달려간 오촌은 호랑이가 사냥꾼에 잡혀 죽었다는 소식을 접한다. 그는 전북 무주 현령을 찾아가 호랑이와의 인연을 들려주었고 현령은 그의 효심에 감복한 나머지 관군까지 동원해 호랑이 사체를 그의 집까지 옮겨준 것이다. 오촌은 그의 아버지 산소 맞은편 선산에 호랑이를 묻어주었고 그의 자손들은 해마다 제사까지 지내주었다고 한다. 호총은 봉분에 비석까지 사람의 묘와 동일한 형태로 후손들이 관리를 하고 있지만, 이상하게도 잔디는 잘 자라지 않는다고 한다.

현실적으로 그 실체가 존재하지 않는 데다 이야기의 전개 자체에 허구성이 다분해 믿기지 않는 게 전설이라고는 하지만 박응훈 선생과 호랑이에 얽힌 전설은 다르다. 단지 호랑이 전설이 아니라 우리 선조들이 중시해온 효사상이 그대로 녹아든 이야기이고 실체가 존재한다. 이런 특별한 이야기와 현장을 널리 알리고 명소화시키는 것은 비단 충주 박씨의 후손이 아니더라도 누군가 해야만 할 일이 아닌가.

지금 호총 앞으로는 3.65킬로미터의 '노천 효자길 탐방로' 공사가 진행 중이다. 오촌이 수백 년 전 아버지 약을 구하러 호랑이 등을 타고 넘어 다니던 산길로 성주골에서 출발해 탐방로를 따라가다 보면 반듸골·정자나무골·거저나무골·사발골등의산촌 마을을 지난다. 지난 수백 년간 사람이 다니던 길을 연장하는 것이기에 자연훼손은 전혀 없고 산책하듯 걷기에 부담이 없는 길이다. 탐방로 종점은 충주 박씨의 종사기록관 '학유헌'學裕軒이다. 학유헌 앞에는 대형 호랑이 조형물이 엎드린 채 마을을 지키고 있고 400년 전 왕이 하사한 '효자오촌박응훈지려' 현판이 효자문에 그대로 걸려있다.

볼거리는 이게 전부가 아니다. '봉유재'奉裕齋는 조선 중종 때 안주목사를 지낸 박성량을 기리기 위하여 그의 후손들이 인조 10년이던 1632년 3월에 건립한 재실이다. 정면 4칸, 측면 2칸, 팔작지붕의 건물로 정면 2칸이 큰 대청마루를 이루고 있다. 봉유재 옆엔 충주박씨 중종에서 후손들에게 학문을 가르치기 위해 세운 서당 '홍학당'도 자리해 있다. 일찌감치 1520년 중종 시대에 지어진 서당으로 숙종에서 고종 대에 세 차례의 증수 과정을 거친 유형문화재 제152호이기도 하다. 또한 마을 한가운데에는 현감을 지낸 박수근의 4형제가 학문을 닦고 연구하던 사로당四老堂도 있다. 이곳은 숙종 35년인 1709년에 지어진 충북유형문화제 151호이다.

도의원 재임 기간에 '노천 효자길 탐방로'가 조성되어 나름 뿌듯함이 느껴진다. 그간 널리 알려지지 않았던 우리 군의 자랑거리이자 역사적인 현장이 앞으로 관광명소로 거듭날 것이라 기대한다. 이는 안골 사람들의 자랑거리이자 영동으로 사람들을 불러 모으는 새로운 이정표가 되었으면 하는 바람이 간절하다. 사람이 사는 곳엔 사람들의 기운이 몰려들어 생동감이 넘쳐날 때 사는 재미는 물론이고 활력이 솟아나면서 다 함께 웃을 수 있지 않겠는가.

괘방령掛榜嶺, 장원급제 길을 아시나요?

　이집트의 고대유적이나 중세유럽의 대성당과 건축물들을 한 번이라도 직접 눈으로 본 한국인이라면 하나같이 공감하면서 안타까워하는 것이 있을 것이다. '세계에서 가장 오래된 금속 활자로 인쇄된 책 '직지심체요절'은 왜 프랑스박물관에 가 있는 것일까?', '우리는 왜 그 많던 역사 유적지와 유물들을 제대로 지키지 못했는가?' 이다. 외국에 빼앗기고 도난당한 것들이 한둘이 아니다. 아직도 발굴하지 못한 유물과 유적지들이 적지 않다. 누굴 탓하고 나무라기에는 이미 늦었지만, 이제라도 발굴과 보존에 두 발 벗고 나서야 한다. 그런데도 그렇지 못하다는 것이 그야말로 답답한 가슴을 손으로 쳐야 하는 현실이다. 우리 영동군민들에게도 똑같은 일이 눈앞에서 벌어지고 있다.

　영동과 김천사람들이 아니면 외지인들은 여전히 잘 모르는 장원급제길 괘방령掛榜嶺의 실상이 그렇다. 906번 지방도가 지나는 고개 괘방령은 충청북도 영동군 매곡면 괘방령로 764번지와 경상북도 김천시의 대항면 복전리를 잇는 고개이다. 백두대간에 있는 고개다.

황악산과 가성산 사이에 있으며 그 정상은 낙동강과 금강의 분수계 역할을 한다. 고개 북서쪽의 영동 쪽으로 흐른 물은 어촌천이 되어 초강천으로 흐른 뒤 금강에 합류하고 남동쪽의 김천 쪽으로 흐른 물은 직지천을 지나 감천으로 흘러든 뒤 낙동강에 합류한다. 조선시대에 괘방령은 한양으로 과거 보러 가는 영남지방의 유생들이 많이 이용했다고 전해진다. 하지만 그 당시 과거 길에 나선 그들에게는 이웃한 추풍령을 넘으면 이른바 '추풍낙엽秋風落葉처럼 낙방한다'는 속설이 나돌면서 추풍령 대신 이 괘방령을 넘었다고 한다. 괘방령은 '방을 붙인다'는 의미로 과거 합격과 일맥상통한다.

괘방령이 세간에 알려지기 시작한 것은 불과 20여 년도 되지 않았다. 영동군이 지난 2005년 고갯마루에 돌탑을 쌓고 장원급제길이란 표지판을 세운 이후 입소문을 타면서 수능 철만 되면 학부모들이 기도하러 오는 곳이 되었다.

나와 괘방령의 인연은 15년 전 고향으로 내려온 후 지역민들과 산행 동호회 활동을 하면서부터다. 당시 영동군은 괘방령 명소화를 추진하고 있었고 군민의 한 사람이자 지척에 고향을 둔 나로서는 두말할 나위 없이 관심을 주목시킬 수밖에 없었다. 충청북도임에도 불구하고 남쪽 끝자락에 있어 군민들로부터 소외된 지역이라는 인식이 팽배했던 만큼 오랜 역사와 이야기가 굳어져 있는 이곳을 명소화시키는 것은 군 발전을 위한 하나의 촉매임에 틀림이 없었다. 명소화를 통해 전국은 물론이고 한국을 찾는 외국인들에게도 보여

줄 수 있는 관광명소로 격상시키는 것은 영동군과 충북도는 물론이고 국가적인 차원에서도 이색적인 역사의 발자취를 발굴 보존하고 널리 알리는 좋은 계기다.

이미 그 시절 '괘방령 명소화'를 위해 영동군과 국가에서 지원해주기로 약속을 했었지만 어처구니없게도 충북도에서 유보되었다는 이야기를 들었다. 충북도의 오지개발 사업비가 오지에 속하는 영동군이나 단양군이 아닌 도청 소재지 인근의 군이 가장 많이 사용하고 있는 것을 알게 되면서 충북도의 정책 결정에서 영동군이 철저히 소외당하고 있다는 사실에 가슴이 아팠다. 이때부터 나는 영동군의 이익을 대변하고자 결심했고 도의원의 길에 발을 내디딘 중요한 이유 중 하나가 됐다.

도의원이 된 후로 '괘방령의 명소화'를 화두로 내걸고 거듭 강조해왔다. 물론 영동군도 예산확보를 위한 지속적인 노력을 기울였음에도 불구하고 괘방령 명소화는 여전히 미궁에 빠져있는 상태다. 그나마 지난해 충청북도 예산 중 일부를 이 사업에 반영해 '장원급제길'을 알리는 관문과 정자를 구축할 수 있었다. 이것만으로는 괘방령을 외지인들에게 알리고 명소로 자랑하기에는 역부족이다. 편의시설, 주차공간, 역사관 등등의 시설을 위해서는 무엇보다도 부지를 확보해야 한다. 벌써 10여 년의 세월이 흘렀건만 나와 영동군민들의 희망 사항인 '괘방령 명소화'는 답보상태다. 오랜 기간에 걸쳐 목소리를 냈음에도 불구하고 이런 현실에 나로서는 그저 씁쓸할 따름이지만 그렇다고 해서 그냥 내버려 둘 수도 없는 과제다.

이런 상황에서 내가 부러움을 갖게 하는 지역이 있다. 집도 다리도 관광상품도 온통 보라색으로 치장한 신안군의 '퍼플섬'purple island이다. 유엔세계관광기구UNWTO가 '세계 최우수 관광마을'로 선정한 신안군의 '퍼플섬' 반월도·박지도는 '2021년 한국 관광의 별' 본상까지 받았다. 직접 만나 대화를 나누었던 박우량 신안군수는 섬마다 자기만의 색깔로 매력을 뽐내야 경쟁력이 있다는 것을 신안 군민이 인정하고 함께 노력한 결과라고 했다. 군수 한 사람, 도의원 한 사람의 힘만으로는 명소가 탄생하기엔 한계가 있다는 얘기이기도 하다. 신안군과 자매결연을 한 우리 영동군으로서는 더욱더 깊이 생각하고 고민해야 할 것이 많다는 메시지이기도 하다.

영동군은 올해 역시 예산확보에 어려움을 겪고 있는 '쾌방령 관광명소화사업'과 '국악 명인촌 조성사업'은 용지매입 후 다시 예산을 신청하기로 했다고 한다. 이제는 군에게만 이 과제를 맡길 일 만도 아니다. 우리 군민 모두가 관심을 같고 의견을 모으는 노력이 절실히 요구되고 있다. 충청북도에서는 유교문화권 개발사업 발굴에 관심을 기울이고 있다. 따라서 유교문화권 개발사업의 목적으로 '쾌방령의 관광 명소화'가 조속히 이루어지도록 힘을 모아야 할 것이다.

삼도봉에서 3도 화합 축제를 열자

　일본을 흔히 '마츠리의 나라'라고 부르기도 한다. 마츠리まつり란 '제사'의 의미도 있지만, 보통은 '축제'를 가리키는 말이다. 일본 전국 곳곳에서 1년 365일 하루라도 마츠리가 끊이지 않고 열린다는 것은 일본인만이 아니라 해외 관광객들에게도 익히 잘 알려져 있다. 누군가는 '저게 어떻게 축제 테마가 되는가?'라는 말을 할 정도로 그야말로 별의 별 것을 다 가지고 축제를 만들어내는 나라가 일본이다. 이는 다시 말해 그만큼 내 외국인들을 불러 모으는데 남다른 재주가 뛰어나다는 얘기이기도 하다.

　민족 감정을 떠나서 굳이 일본은 따라가야 한다는 얘기는 아니다. 다만 청년들이 도시로 떠나면서 쇠락해져 가는 농촌과 어촌마을을 축제로 부활시켜놓는 그들을 보면 우리의 현실이 안타깝게 여겨지기도 한다. 없는 것도 있는 것처럼 만들어낼 판에 왜 있는 것도 널리 알리지 못하고 있는가에 대한 의문을 뛰어넘는 불만이라고나 할까.

이미 10여 년 전부터 가는 곳마다 '이건 정말 축제를 만들어야 한다'는 얘기를 늘어놓곤 한다. 민주지산의 삼도봉이 바로 내가 부르짖는 그 주인공이다. 해발 1,241.7m로 소백산맥 중앙에 있는 민주지산은 일반인들에게는 잘 알려지지 않은 산이지만 등산을 좀 한다는 사람들이라면 "아하 그 산"이라는 말이 저절로 나올 만큼 산 자체가 갖는 지정학적 의미가 남다른 곳이다.

주소가 '충북 영동군 상촌면 물한리 산 39-2'로 나타나는 민주지산은 충청북도, 전라북도, 경상북도 3도의 꼭짓점 역할을 하는 산으로 보면 이해가 한결 쉽게 된다. 산의 남쪽 사면은 무주군 설천면으로 무주남대천 유역에 속하고 동쪽과 북동쪽 사면은 충청북도 영동군 상촌면과 경상북도 김천시 부항면의 경계를 이룬다. 그리하여 금강의 집수구역이 되는 민주지산의 정상은 3도가 만난다고 하여 '삼도봉'으로 불린다.

충북 영동군 황간을 산행의 출발점으로 한다면 상촌면 물한리 물한계곡 주차장에서부터 시작해서 황룡사와 잣나무숲을 지나면 석기봉에 이어 삼도봉에 다다른다. 하산하여 다시 원점으로 내려오기까지는 14.58킬로미터의 거리로 쉬지 않고 걷는다면 6시간 반은 족히 걸어야 한다. 산행을 즐기는 사람들에게는 나름 매력이 넘치는 코스이기도 하다. 때 묻지 않은 자연의 숨결을 그대로 간직한 데다 여느 유명한 산들처럼 등산객들로 북적이지 않는 탓에 되레 한적한 가운데 제대로 된 쉼표를 직을 수 있는 곳이기도 하다. 나 또한 고향에 내려온 후 지역주민들과 함께 수차례에 걸쳐 삼도봉을 찾았다. 그때마다 경북 전북 충북에서 각각 정상을 행해 올라온 사람들과 함께 인사를 하고 차 한 잔 나누면서 대화를 하곤 했다.

이곳에서는 오래전부터 10월 10일을 삼도봉 만남의 날로 정하고 삼도 화합 기원제를 지내오고 있다. 이쯤 되면 민주지산 삼도봉을 3도 화합의 상징하는 대표적인 현장으로서 외지인들을 불러들이는 관광명소로 만드는 것이 모두를 위해서 좋은 일이 아니겠는가.

2015년 5월이었다. 민선 6기 도의원이 된 다음 해다. 충북도의회 제337회 임시회 1차 본회의의 5분 자유발언을 통해 나는 매년 충북 영동군과 경북 김천시, 전북 무주군이 여는 '삼도봉 행사'를 격상시켜 관광자원으로 활용하자고 제안했다. 이미 삼도봉에서는 매년 10월 10일 3개 시·군이 삼도 화합 행사를 개최하고 있으니 이를 격상시켜 삼도 화합 축제로 만들면 우리 충북도가 영남·충청·호남 시대의 리더로서의 위상을 높이는 기회가 되고 관광자원으로 활용하면 지역경제 활성화에도 큰 도움이 된다는 의미에서였다.

사실 삼도봉 권역은 삼국시대부터 백제와 신라로 나뉘어 있던 전략적 요충지이지만 백두대간의 청정하고 아름다운 자연환경과 역사성을 함께 공유하며 살던 곳이다. 이곳을 스토리텔링 화합으로써 국내외 관광소비자들에게 다양한 자연체험과 휴양기회를 제공할 방안을 도출시키는 것은 그리 어려운 일이 아니다. 더욱이 청정자연원시림의 장점을 최대한 살려 창조적 발전과 녹색성장을 도모해 국가정책에 부응하고, 3개 시·군이 연계·협력사업을 발굴 추진함으로써 지역 간 상생발전을 도모하는 것이야말로 이 얼마나 멋진 일이 아니겠는가?

안타까운 일이지만 3도의 힘과 뜻이 하나가 되어 관광명소로서의 업그레이드된 삼도봉의 모습은 아직도 기대할 수 없는 처지다. 어느 한 도나 군에서만 발 벗고 나선다고 해서 가능한 일이 아니기 때문이다. 도의 수장인 도지사들의 역할이 큰 만큼 3도의 도지사들이 한자리에 모여 토론을 하고 합의를 도출시켜야 하는 일이다. 임기는 4년이고 각자 도마다 공약으로 내건 사안들이 한둘이 아닌 입장이다 보니 그게 쉽지 않은 것 같다.

정말 좋은 방법이 없을까? 충청북도에서 20억 원을 지원받아 삼도봉 가는 길은 정비했지만, 아직도 이 문제는 나에게 있어서 간절히 소망하는 버킷리스트의 하나로 남아있다.

노근리의 진실, 정의롭지 못했다

오늘을 사는 이 땅의 한국인이라면 그 누구도 부인할 수 없는 슬픈 역사가 있다. 동족상잔의 비극으로 남은 6.25 한국전쟁이다. 그렇다면 전쟁은 끝이 난 것일까? 절대 그렇지 않다. 정전협정으로 전쟁은 종료되었지만, 엄격히 말하면 전쟁 당사자인 남북 간 합의 하의 종전은 이루어지지 않은 게 사실이다. 하지만 현실적으로 이보다도 더 불편한 진실이 있다면 그것은 전쟁이 남긴 상흔에 대한 치유가 제대로 이루어지지 않고 있어 이로 인한 비극과 아픔은 70여 년이 넘은 지금까지도 생존자들에게는 진행형이라는 것이다. 여기에 또 한 가지 사실 그대로를 보여줄 수 없게 덮어버린 정의롭지 못한 오점들도 곳곳에 있어 있다. 내 고향 영동 노근리 사건 또한 그중 하나다.

노근리 사건은 안타깝게도 수십 년간 잊힌 역사의 한 자락으로 남아있었다. 2001년 한미 양국 정부의 진상조사를 통해 철수 중이던 미군에 의해 억울하게 희생됐음이 밝혀지면서 세상에 본격적으로 알려지기 시작했다.

1950년 7월 25일부터 29일까지 닷새간 영동군 황간면 노근리 일원에서는 영동읍 하가리와 황간면 노근리에서 미합중국 군인에 의해 희생자가 발생했다. 당시 피난민들이 폭격을 피해 쌍굴다리 안으로 숨어 들어갔지만, 그들 중 상당수가 그곳에서 빠져나오지 못했다. 미군에 의해 폭격을 당하고 쌍굴 안에 갇혀 무자비하게 살상을 당하고 만다. 게다가 당시 피난민 이동 통제 업무를 담당하기로 한 한국 경찰이 노근리 사건 발생 전날 영동에서 철수하는 등 국가의 책무를 다하지 못했던 사실도 확인됐다.

　내 고향 땅에서 일어난 일이었다. 그런데도 부끄럽지만 젊은 시절 나는 이런 역사적으로 아픈 흔적을 찾아서, 눈으로 확인하고 치유와 보상을 위한 행동을 취하지 못했다. 누군가는 핑계라도 해도 어쩔 수 없는 일이지만 솔직히 내 유년시절과 젊은 날들은 그럴만한 여유와 기회를 주지 못했다. 뒤늦게 서야 2천 년 대 초 이런 사실들에 눈을 떴고 현장을 찾아가 보았다. 객지 생활을 하던 시절이었고 도의원으로 정치에 참여하기 이전의 일이었다. 그때 내 눈에 유난히 들어온 것 한 가지는 수많은 총탄과 폭격 자욱이 훗날 누군가에 의해서 군데군데 시멘트로 덧씌워져 있었다는 사실이었다. 역사는 영광이든 상처이든 그대로 남아있어야 하며 그것이 후손들에게 산 교훈이 되고 진실 그대로 전해지는 일 아닌가?

　그 무렵 나는 공부에 미련이 남아 미국으로 떠났고 2002년 워싱턴시 소재 Kim's Janitorial Services inc의 부사장으로 근무한 뒤

2004년에는 미국에서 꽤 알려진 워싱턴에 본사를 둔 시사주간지 '코리아 모니터'에 입사하여 광고마케팅 이사 겸 칼럼리스트로 활동했다. 기회는 이때다 싶었다. 노근리 사건의 진실과 본래의 흔적을 없애버린 정의롭지 못한 사실을 미국은 물론이고 전 세계에 알릴 좋은 기회라고 여겼다. 사진까지 첨부하여 칼럼을 기고했지만, 편집부에서는 미국 사회에서 관심을 주목할 만한 일도 아니며 되레 열심히 터전을 내리고 있는 한인사회에 불편함만 안겨줄 수 있다는 이유로 편집을 하지 않았다. 속상한 일이었다.

내가 다시 노근리 사건의 치유와 보상에 더욱 적극적으로 나설 수 있었던 것은 도의원으로 활동하게 되면서다. 충청북도 6.25전쟁 민간인 희생자 위령 사업지원 조례재정을 통해 노근리 희생자 심사 및 명예회복에 관한 특별법을 제정하고 노근리 평화공원 추진사업에 힘을 실었다.

2017년 4월 28일 열린 도의회 제355회 제2차 본회의에서 당시 자유한국당 소속의원으로 '노근리사건 희생자와 유족에 대한 조속한 배상 촉구 건의안'을 대표 발의했고 이는 만장일치로 채택됐다. 나는 "국민의 생명 보호를 등한시했던 뼈아픈 역사의 오점을 정리하고 희생자와 유족의 67년 응어리진 한을 풀어주기 위해 정부는 배상문제를 조속히 해결하라"고 주장했고 충북도의회의 이름으로 영동 황간면 노근리 양민학살 사건 희생자 유족 배상을 촉구하는 건의문을 정부와 국회에 보냈다.

현 정부는 100대 국정과제 중 하나로 '국민 눈높이에 맞는 과거사 문제 해결'을 발표한 바 있다. 하지만 묵묵부답이었다. 그렇다고 이 중대한 과제를 또다시 해를 거듭해 묵혀갈 수는 없는 일 아닌가. 희생자와 유족에 대한 진정한 명예회복이 될 수 있도록 관련 법률 개정이 시급한 현실을 그냥 묵과할 수는 없었다.

지난해 4월 제390회 임시회 1차 본회의에서 노근리 특별법 전부 개정법률안 통과를 위한 충북도의 관심과 노력을 촉구하는 5분 발언에 다시 나섰다. 노근리 사건 특별법이 제정되고 희생자와 유족들의 명예회복을 위한 소기의 성과는 진상조사로 일부 이뤄졌지만, 노근리사건 특별법에 희생자와 유족을 위한 보상 규정이 없기에 후속 조치로서의 보상조치는 이뤄지지 않았다고 밝혔다. 국회에서 보상금 지급에 관한 사항 신설, 희생자 유족의 권익 보호, 자발적 기탁 금품 접수에 관한 특례조항 신설, 노근리 트라우마 치유센터 설치·운영 등 노근리사건 특별법 개정 절차가 진행되고 있다고 하지만 여전히 눈으로 확인된 것은 없기 때문이다. 한국전쟁과 관련한 민간인 희생자 지원을 위한 개별법은 거창사건, 노근리사건, 제주 4.3사건 특별법이 있는데 '4.3사건 특별법'을 제외하고는 보상금에 대한 개정이 이뤄지지 않았다.

전쟁의 아픔을 치유하고 합당한 보상을 해야 하는 것이 국가의 당연한 책임과 의무다. 노근리사건 특별법 전부 개정안은 국회 행정 안전위원회 통과가 일차적으로 선행되어야 한다. 그리고 개정법률안 통과를 위해 충북 소속 국회의원과 해당 상임위 의원들에 대한 지속적 건의를 통해 법률안이 반드시 통과될 수 있도록 노력하는 것 또한 우리 충북도의 책무라는 주장을 피력했다.

왜곡된 역사는 역사가 아니다. 진실을 감춘 기록이나 흔적 그대로 역사로 남아서는 안 된다. 역사는 진실에 바탕을 주어야 하며 그렇지 않다면 바로잡는 게 후대가 이행해야 할 도리이자 책무다.

독도는 우리 땅, 대마도도 우리 땅

"역사를 잊은 민족에게 미래는 없다."

단재 신채호 선생의 명언으로 알려진 이 말이 우리에게 더욱 가슴에 와 닿는 이유를 모르는 이가 있을까? 독도 영유권을 주장하는 일본의 망언이 어제오늘의 야기가 아닌 데다 최근엔 일제강점기 때 조선인들이 '강제동원'됐던 니가타현 '사도광산'을 유네스코 세계문화유산 등록 후보로 내세우고 있다. 이미 2015년 하시마(군함도) 등재 때처럼 역사 왜곡 논란이 재연될 것으로 우려되고 있다. 설령 한국인이 아닐지라도 같은 세계 대전의 전범국인 독일과는 역사 인식이 너무도 다른 일본을 바라보는 시선은 결코 긍정적일 수가 없는 현실이다.

벌써 10여 년 지난 일이지만 지금도 독일 전 총리 메르켈의 모습이 생생하게 떠오르는 것은 도의원의 한 사람으로서 당연한 역사 인식의 되새김이 아닐까 싶기도 하다. 그는 2013년 2015년 두 차례 걸쳐 다하우 정치범 수용소 방문 연설을 통해 반성과 사죄의 견해를 밝혔다. 독일 뮌헨에서 북쪽으로 약 30km 떨어진 곳에 있는 다하우 수용소 기념관은 나치가 정치적 반대자와 유대인들을 가두기 위해 무기 공장 자리에 만든 강제 수용소로 수감자들의 고통을 상징하는 조형물이 있다. 독일의 모든 강제 수용소 기념관은 기본적으로 원형을 보존하면서 가해자를 기억하고 피해자를 추모하는 공간으로 삼고 있다고 한다.

이미 오래전의 일이지만 일본의 역사 왜곡과 관련하여 아직도 내 가슴에 울분을 불러일으키는 특별한 기억이 있다. 2005년이었다. 미국 워싱턴 D.C에 있는 THE KOREA MONITOR 월간지와 주간지를 발행하는 신문사에서 광고 마케팅과 경제에 관련된 칼럼을 쓰고 있었다. 그즈음 나에겐 출국 초기 현지에서 접한 뉴스 하나가 생생하게 다가왔다. 주미대사관 문화홍보원이 미국 의회 도서관에 소장된 고지도의 '동해표기' 실태를 조사한 결과, 19세기 이전 발간된 동북아 고지도 103본 가운데 66%가 동해 해역을 "동해" 또는 "한국해"로 표기한 것으로 나타났다는 기사였다.

나는 워싱턴DC에 있었다. 이곳에 있는 미국의회도서관이 조선왕조에 대한 사료들과 한국의 고지도들을 적지 않게 소장하고 있다는 사실을 접하게 된 나로서는 의문과 호기심이 동시에 생겨났다. 미국의 수도이자 국회도서관인 이곳에는 과연 독도와 관련된 어떤 자료를 소장하고 있을까?

미국의회도서관은 건립 200여 년 역사를 지닌 도서관으로 목록법·분류법 등의 도서정리 기술에 관해 많은 업적을 남겼으며 여기서 시작한 도서분류법은 세계적으로 퍼졌다. 하지만 그날 나를 가슴 뛰게 하는 것은 도서관의 규모나 역사보다 곧 만나게 될 한국의 고지도에 대한 궁금증이었다. 도서관 건축물 내 외부의 미적 경이로움을 느끼기도 전에 내가 찾아낸 것은 조선 고종 11년 갑술년이던 1874년에 제작된, 독도와 대마도가 분명하게 조선의 영토로 표시된 『대조선지도』였다. 그것을 보는 순간 가슴은 '드디어 찾았다'라는 감격으로 두근거리면서 다른 한편으로는 일본의 역사 왜곡과 독도 영유권 주장이야말로 추악하다 못해 사악하기까지 하다는 생각으로 분노가 치밀어 올랐다.

　『대조선지도』 강원도 편에는 독도가, 경상도편에는 대마도가 우리 땅으로 그대로 표시돼 있었다. 이 지도는 서기 1888년 캐나다 선교사 게일(Dr. James S. Gale)이 소장하였다가 서기 1927년 미국 국회도서관에 기증되어 『아시안 모음집』에 수록되고 아시안 섹션에서 소장하고 있었다. 『대조선지도』는 손으로 그린 도해도다. 12색으로 표시되어 있고 조선국총도, 세계지도 및 조선 8도를 각 도별로 구분해 만들어진 한 권의 지도책이었다.

　이 지도에 의하면 현재 외교적 분쟁을 낳고 있는 독도는 강원도에 속해있는 섬으로, 강원도편 지도에 '울릉도'와 함께 '우산'于山으로 표기되어 있다. 또 조선국총도편에는 대마도도 조선의 영토로 표기되어 있다. 당시 전체 조선의 직제와 면적을 나타내는 부분에서도 '동래의 부산포부터 대마도까지는 480리이고 일본국까지는 4050리'라고 기록되어 있다.

독도는 대한민국의 영토임이 분명하다. 또한, 논란의 여지는 있겠지만 대마도까지도 한국의 영토로 볼 수 있다. 『대조선지도』는 비록 그림으로 그린 도해도이지만 대한민국의 지형, 직제, 도로 등이 비교적 정확하게 표시되어 있어 독도 고증자료로서의 가치가 충분했다.

이 같은 사실을 나 혼자만 알고 있는 것으로는 아니 될 일이었다. 곧장 내가 몸담은 매체에 사실을 알리고자 했지만, 원고도 사진도 실리지 못했다. 미국은 제 3국인 데다 현지에 있는 교민들이 한참 터를 내리고 안정적인 삶을 추구하는 상황에서 자칫 국가 간의 정치·외교적인 문제가 발생할 여지가 있다는 이유에서였다. 결국, 나는 국내에 있는 언론사에 칼럼과 직접 촬영한 지도 사진들을 보냈고 국민에게 독도는 우리 땅이 분명함을 다시 한번 못 박는 계기를 만들었다.

역사를 바로 세우는 일이야말로 이 땅의 후손들인 우리 모든 국민이 해야 할 일이다. 더욱이 국가와 국민을 위해 파수꾼의 역할을 담당하겠다고 나선 정치인들이라면 반드시 앞장서서 해야 할 중대한 과제이기도 하다. 오늘도 나는 생각한다. 정치인의 참모습은 어떤 것인가에 대해서. 행사장에 나가 축사를 하는 정치인으로 살기보다는 어떤 문제를 공론화하여 개선하고 또 뒤처진 어느 부분을 되살려 성장시킬 것인지를 고민하는 도의원의 길을 걸어야 한다고. 이와 함께 아직도 알려지지 않은 우리의 숨은 역사를 발굴하고 왜곡된 역사는 본래의 진실로 돌려놓는 일에 더 열심히 뛰어야겠다는 다짐을 굳혀본다.

무엇이 우리를 행복하게 해줄까?

"행복해져라"
"행복해야 한다"
"행복한 하루 되시라"

우리가 살면서 가장 소망하는 것도 '행복'이고 덕담으로 가장 많이 하는 말도 바로 상대의 행복을 기원한다는 것이다. 대중이 즐기는 가요만 들어봐도, 사랑만큼이나 자주 등장하는 용어가 행복이고 전 세계 모든 사람에게 똑같이 통용되고, 또 현실로 이뤄져야 하는 게 바로 행복한 삶이다. 그렇다면 행복은 누가 어떻게 만들어주는 것일까?

'행복'이라는 두 글자를 앞에 두고 우리가 자각해야 할 가장 중요한 것 한 가지가 있다. 그것은 행복이란 누군가가 차려주고 그걸 먹기만 하면 되는 밥상 같은 게 아니라는 것이다. 다만 행복한 삶은 누구나 소망하는 것이기에 정부나 사회는 국민이 행복을 추구할 수 있도록 경제, 복지, 문화 등의 발전을 이끌고 시스템을 만드는 것이 당연한 일이다. 누군가 나에게 기원은 해줄 수도 있지만, 부모가 배우자가 자식이 친구가 행복을 만들어주진 않는다. 그들이 조력자 역할을 할 수는 있겠지만 우리 개개인의 행복을 결정짓는 가장 중요한 사람은 바로 우리 자신이다. 인생의 주인공은 바로 '나' 이기에 내가 행복한 하루하루를 만들어가야만 행복한 삶이다.

사람들 모두가 각자 꿈꾸는 소망과는 다른 현실이 안타깝다. 과거 배고픈 시절에는 그야말로 좋은 집에서 잘 먹고 잘사는 것이 행복이라고 여겼다. 우리 국민 특히 지금의 장년층 노년층 세대들은 그런 시절을 경험했다. 나 자신부터가 유년시절 청년 시절 가난과 배고픔이라는 실상을 직접 느껴보았고 지켜보았던 한 사람이다. 이제는 우리나라 경제 규모가 세계 10위에 진입했다. 수출 6천억 달러를 돌파한 세계 일곱 번째 국가가 됐다. 하지만 UN 산하 기구인 지속가능발전 해법 네트워크(SDSN)에서 조사한 행복지수를 보면, 지난해 전체 조사 대상 149개국 중 우리는 62위다. OECD 37개 회원국 중에서는 그리스, 터키를 제외하고 최하위권이다. 대체 무엇이 문제라는 것인가?

해마다 경제는 발전하는데, 국민 행복지수는 높아지지 않고 있다는 것은 우리 정부와 사회, 국민이 함께 고민을 해봐야 하는 문제가 아닐 수 없다. 경제력 상승이 행복지수에 영향력을 미치지만, 또 그게 절대적인 것은 아니다. 1인당 GDP 10위 권 안에 드는 국가들을 보면 대다수가 우리보다 행복지수에서 앞서 있다. 그러니 이제는 우리가 이 문제에 대해 고민을 해야 한다. 우리가 행복지수를 높이기 위해서는 무엇이 중요한지를.

SDSN에서 행복지수에 사용되는 지표로 여섯 가지 항목이 있다. 1인당 국내총생산, 사회보장 범위, 건강 기대수명, 삶의 선택 자유, 공동체의 나눔, 부정부패 인식, 이런 것들이다. 이 중에서 1인당 국내총생산이나 사회보장 범위는 국가적인 차원의 역량이 결정적이지만, 나머지 부분들은 그 사회의 문화적 특성이나 개인의 결정과 습관으로 직결된다. 그러니 지금 경제선진국이 된 상황에서 행복을 결정하는 데에는 우리 각자의 삶에 대한 가치관과 행복한 삶을 위한 습관이 중요한 셈이다.

어느새 살아온 세월이 절대 짧지 않은 시니어의 시기에 와 있다. 지인이든 선후배든 나는 집과 도시에 연연하는 삶을 추천하고 싶진 않다. 몸도 마음도 건강하게 나이 들어가는 전 세계 장수마을은 대도시가 아니다. 그런데도 우리 국민 중 많은 사람이 도시를 선호하고 수십억 아파트 쳐다보며 부러워한다. 농촌에 가까운 소도시에 가면, 몇천만 원짜리 아파트도 많다. 농촌 지역에는 비어있는 농가 주택들이 숱하다. 대도시 아파트를 지향하는 시민의식 때문에, 갈수록 도시의 주택문제가 심각해지고 있는 게 우리의 현실이다.

요즘 우리는 장수촌을 블루 존Blue Zones이라고 부른다. 행복지수는 장수로 가는 지름길이다. 세계적으로 잘 알려진 장수마을인 이

탈리아의 사르데냐. 일본의 오키나와, 코스타리카의 니코야 페닌슐라, 그리스의 이카리아는 도시가 아니다. 농어촌 지역이다. 그들은 자연과 어우러진 환경 속에서 스트레스받지 않고 적당히 걷고 주변 사람들과 어우러져서 지역 문화를 즐기고 먹거리를 자급자족하며 소식하는 삶을 살고 있다. 그리고 그들은 삶이 행복하다고 말한다.

농어촌 전원의 삶을 아는 사람이라면 건강을 위한 생활습관을 저절로 만들어진다는 사실을 알 것이다. 직접 키우고 수확한 곡물, 채소, 과일을 섭취하는 식습관, 설령 농사를 짓지 않더라도 소일거리를 통해 이루어지는 적당한 운동, 스트레스를 덜 받음으로써 느끼는 마음의 평온, 이웃과의 소통을 통한 위로 이런 것들이 바로 건강의 척도라는 것을. 행복하게 장수하고 싶다면 농어촌에서 노년을 즐기라는 말을 할 수밖에 없는 이유다.

그렇다고 해서 무조건 시골로 내려오라 얘기는 아니다. 각자 다 처한 상황이 다르다. 다만 주택에 너무 많은 욕심과 관심을 버리고, 가능한 자연과 접한 환경을 즐겼으면 하는 바람이다. 투자가치, 재산증식으로서의 주택개념에 벗어나면 자연을 많이 접할 수 있는 주택을 마련하는 일은 그리 어려운 일이 아니다.

행복을 불러오는 삶에 우리가 주목해야 할 또 한 가지는 몸과 마음의 건강은 돈만으로도 얻을 수 없다는 것이다. 나눔과 배려로 자신을 더 즐겁게 만드는 것도 그중 한 가지다. 봉사활동을 하는 사람들, 기부 천사들, 이웃과 나누며 사는 이들은 하나같이 밝고 미소를 잃지 않는다. 타인을 챙겨주고 나눔을 실천하는 순간 결국 내가 행복해진다는 사람들이다. 나눔과 배려 그리고 관용은 누군가를 위한 희생과 헌신이 아니라 내 마음을 즐겁게 하고 내 심신의 건강을 더 활기차게 만들어가는 일이 아니겠는가?

귀농·귀어·귀촌으로 만들어가는 농어촌에서의 생활이야말로 풍부한 자연에 '이웃과 함께'라는 가치가 저절로 따라붙는다. 눈 뜨면 이웃집 사람이 무슨 일을 하는지, 무엇을 수확했는지 어디가 아픈지 훤히 알 마련이다. 먹거리를 나누는 것은 지극히 당연한 일이고 애경사 함께 많은 것들을 공유하고 나누면서 살아간다.

그래서 나는 도시인들에게 귀농 귀촌을 생각하는 꿈 꾸는 이들에게 말하고 싶다.

"행복해지려면 블루 존 영동으로 내려오십시오.
여기 참 좋은 곳입니다."

"Pay it forward"로 아름다운 세상

"사람들은 너무 겁을 먹는 것 같아요. 어떤 변화에 대해서 말입니다. 익숙해져 있는 사람은 자신을 바꾸기가 힘든 것 같아요. 그래서 포기하고 마는 거예요. 결국, 자기 자신에게 지는 일이죠"

내 기억에 잔잔히 남아있는 〈아름다운 세상을 위하여〉란 영화가 있다. 〈Pay it forward〉 '선행 나누기'라는 원어 제목이 내 머릿속에 각인된 이 영화를 만난 것은 20여 년 전이었다. 2001년 개봉된 영화 속의 11세 소년 트레버가 남긴 명대사다.

새 학기가 시작되자 사회 선생님은 학생들에게 일 년 동안 수행할 숙제를 내준다. 그것은 우리가 사는 세상을 좀 더 나은 세상으로 바꿀 방법을 생각해 오라는 것. 진심으로 이 숙제를 받아들인 트레버는 '사랑 나누기'라는 아이디어를 제안한다. 소년의 순수한 생각만큼 세상은 그렇게 만만하지 않다. 하지만 소년은 세상을 변화시키고자 용기를 내고 노력을 기울인다. 자신이 세 사람에게 도움을 주면 그 세 사람은 또 각각 다른 세 사람씩 도움을 주게 될 것이고 그렇게 퍼진다면 정말이지 세상은 아름다워질 것이라는 생각한다. 물론 그의 프로젝트들은 번번이 실패로 끝난다. 그런데도 도와주기 실천을 멈추지 않았던 소년은 안타깝게도 친구를 괴롭히던 다른 학생의 칼에 찔려 죽는다. 영화는 트레비를 추모하고자 수많은 사람이 행렬을 이루면서 스크린을 닫는다.

나이 오십이 넘어 관람했던 이 영화가 유독 머릿속은 물론이고 가슴속까지 아련하게 남아있는 이유는 아마도 내가 하지 못했던 것에 대한 자책감과 내가 아니더라도 그 누군가는 해야 하는 것에 대한 동참의식의 연장선에 있다는 얘기이기도 하다. 자신의 주변 사람에게 사랑을 실천하다 보면 언젠가는 세상 모든 사람이 행복해진다는 것, 자신의 작은 실천이 사회 전체에 큰 울림이 될 수 있다는 트레비의 맑고 순수한 생각에 나는 전적으로 동감한다. 도움 주기를 통해 아름다운 세상을 만들고자 했던 트레비의 세상 바꾸기는 어쩌면 우리 모두의 바람이면서도 많은 이들이 도전하지 못하고 있는 어려운 숙제이기도 한 것이다.

누군가는 이 영화를 떠올리며 겨울이 올 때마다 다시 한번 보고 싶어지는 영화라는 말을 하기도 한다. 추운 겨울일수록 어렵고 힘든 이들이 떠올려지고 또 그들을 향한 애틋한 마음도 더 해지기 때문이리라. 하지만 누군가의 도움이 절실한 이들은 겨울만이 아니라 4계절 내내 전 세계 곳곳에서 존재하는 게 현실이다. 시대가 바뀌고 과거보다 경제적으로 윤택해졌다 할지라도 사람 사는 세상은 정신이든 물질이든 물리적인 힘이든 누군가의 도움이 필요로 하는 사람들이 존재하기 마련이고 또 누군가는 그들을 도와가면서 함께 걸어가는 모습이 아니겠는가. 그게 세상 살아가는 아름다운 풍경이리라.

중년을 넘어서면서 가끔 나 자신에게 던지는 질문 하나가 있었다. '젊은 날 왜 나는 기업 취업이 아닌 사회운동가의 길을 걸어볼 생각을 하지 않았던가?'. 사회를 위해 도움이 되고 세상의 변화를 이끌어갈 수 있는 활동가의 삶이야말로 값진 인생을 사는 일이 아니었을까 싶은 것이다. 굳이 핑계 같은 이유를 댄다면 자식을 위해 희생하신 노모의 삶에 그나마 보답하는 길은 하루라도 빨리 사회에 진출하여 경제적으로 안정된 기반을 갖추고 가정을 꾸려 자식 낳고 살아가는 모습을 보여드려야 한다는 책임감 내지는 자식으로서의 최소한의 도리 때문이었노라고. 우리 시대 시골 출신 자식들이 가졌던 평범한 소신이었다고.

고향으로 돌아온 후 고향을 위하여 지역사회를 위하여 내가 무엇을 할 수 있을까 고민을 한 것은 아마도 뒤늦게라도 내 마음속에 영화 '아름다운 세상을 위하여' 속의 트레버의 마음이 남아있었기 때문일 것이다. 그것은 새로운 변화를 위해 용기를 내 시도를 하는 것이었고 지역사회에서의 이런저런 활동들이 도의원의 길로 들어서는 계기가 되어준 것 같다. 다만 도의원 활동은 정당 선택부터가 정치적인 성향이 그 밑바탕에 깔렸음을 부인할 수 없기에 자칫 '사랑 나누기'와는 다른 방향으로 해석될 여지가 충분하다. 이 때문에 나는 지금도 정치인으로서의 길을 걷는다는 생각보다는 내 고향 영동군민들이 어떻게 하면 더 행복한 삶을 함께할 것인가를 고민하고 대변하고 실행으로 옮기는 실천적인 행동가를 지향하는 쪽에 가까운 사람이라고 자신한다.

편견을 넘어 동행

전철을 타고 집으로 가는 길이었다. 그날 복지센터에서 배운 것을 연습하고자 핸드폰 동영상을 틀어놓고 열심히 따라 해 보았다. 배운 대로 잘 따라 해보려고 해도 아직은 손놀림이 영 어색하기만 했다. 그런데 건너편에 앉은 나이 좀 들어 보이는 두 아주머니가 자꾸만 쳐다본다. 측은하고 불쌍하다는 눈빛이 역력했다. 하지만 그러거나 말거나. 그런데 한 분이 옆에 사람에게 말한다. "아이구 얼굴도 멀쩡하게 잘 생긴 청년이 안 됐네. 부모는 얼마나 속상하겠어." 순간 그는 화가 치밀어 올랐다. 난 말할 수 있다고, 농아인이 아니라고 말을 할까 하다가 그냥 참고 내버려 두기로 했다.

한 청년이 자원봉사하고자 수어를 배우기 시작한 날 있었던 이야기다. 수년 전의 일이다. 하루는 우연히 인터넷 검색을 하는데 눈길을 끄는 게 있었다. '편견의 세상'이라는 제목의 내용이었다. 그리고 그 아래로 '6월 3일은 농아인의 날'이라는 굵은 글씨가 나타났다.

그 날 내 기억은 아주 오래전 무려 50여 년 전으로 돌아갔다. 그리고 낯익은 소년 하나가 떠올랐다. 초등학교 3학년 때였다. 하루는 갑자기 걱정과 긴장감이 동시에 밀려왔다. 어떡해야 좋을지 난감했다. 그날의 사연은 친구의 전학이었다. J의 단짝 친구로 늘 함께 붙어 다니던 Y가 서울로 전학을 가게 되면서 선생님은 나에게 새로운 임무를 부여했다. 다름 아닌 학교 내에서 J의 단짝으로 지내라는 것이었다. 그건 그 아이의 학교 공부나 소통을 도와주는 일이었다.

J는 우리 옆 동네에 사는 같은 반 친구였다. 그는 농아였고 나이는 우리보다 서너 살이나 더 많았다. 6.25를 거치면서 제때에 학교를 다니지 못한 아이들이 늘어나면서 50년대 중후반에는 제 나이를 한참 넘겨서 입학한 아이들이 적지 않았다. 그가 제 나이보다 늦게 입학한 것도 농아인 데다 그런 시대적 혼란기까지 겹쳤기 때문이 아니었나 싶다. 이를테면 J의 수화통역을 책임지게 된 셈이다. 물론 그 시절 시골에는 수어를 제대로 배운 이도 없고 배울 곳도 없었다. 적어도 학교에서만큼은 상대와 일거수일투족 擧手一投足을 함께 하면서 상대로부터 수어도 익히면서 상대의 마음을 읽고 대변해주는 것은 물론이고 세상에 하나밖에 없는(?) 친구가 되어줘야 하는 일이었다. 그러니 이 일을 어찌하면 좋을까 덥석 겁부터 났다.

부담도 잠시일 뿐. 아예 마음속 머릿속 계산을 하지 않는 동심 때문이었을까? J와 나는 빠르게 친해졌고 제대로 된 수어를 익힌 것도 아닌데 소통은 자연스럽게 이루어졌다. 학교 일정이나 아들의 학교

생활을 염려하던 친구의 아버지는 수시로 나를 찾아와 이런저런 정보를 얻기까지 했다. 그 시절 나는 J가 옆에 있음에 늘 든든하기도 했다. 그는 나이도 많은 데다 체격도 한참 큰 편이어서 싸움 잘하는 누군가가 나에게 시비라도 거는 날에는 보디가드를 자청했다. 졸업할 때까지 우리는 그렇게 서로에게 도움을 주고받는 사이좋은 친구가 됐다. 하지만 6학년 2학기 중학교 입학을 준비하던 시기에 그는 나에게 말했다.

"너는 좋겠다. 중학교에 가니까. 다른 과목은 몰라도 영어는 어떻게 공부할 방법이 없으니 나는 중학교에 가지 못하거든."

지금에야 지방에도 군 단위 정도면 장애인 종합복지관이 있고 가까운 도시에 농아학교가 있으니 정확한 수어를 익히고 정보도 교류하며 상급학교 직항하는 것도 수월해졌지만, 그 시절만 해도 시골에서 농아학교 입학은 남의 일이었으니까. J는 가정형편이 괜찮았던 데다 공부도 중상위권이었으니 듣고 말하는 데 문제가 없었다면 중학교에 입학했을 터였지만 그게 불가능했다.

그를 내 기억 속에서 다시 떠올리게 한 것은 2001년 미국에서였다. 당시 워싱턴DC에서 MBA 과정을 밟고자 인근 고등학교에 진행하는 어학연수를 밟게 되었다. 첫날 수업시간에 나는 그야말로 깜짝 놀랐다. 옆자리에 앉아있던 중년의 남성은 카리브해에 있는 미국의 자치령 푸에르토리코에서 온 이민자였고 그가 농아인이었다. 하지만 수업하는 내내 수화통역을 지원하는 전문력이 배치돼 그를 돕는 게 아닌가. 중학교에 가고 싶었지만 갈 수 없었던 J와 이민을 온 장애인이지만 1대1 통역 지원까지 받는 그 남성의 상황이 비교되는 것이었다. 국력과 인권 그리고 평등의 중요성을 다시 한번 깨닫는 순간이었다.

도의원이 된 이후 영동군 장애인복지 관련 토론회에 참석한 적이 있었다. 그때 나는 초등학교 시절 친구의 안타까운 이야기와 미국에서 언어교육 과정을 밟으며 알게 된 장애인 복지실태에 대해 말했던 적이 있다. 장애가 있는 국민도, 대도시 아닌 농촌 지역에 거주하는 장애인 군민들도 단지 장애인이라는 이유만으로 단지 농촌 지역에 거주한다는 이유만으로 국민으로서 누려야 할 삶과 복지혜택에서 조금도 소외되는 일이 없어야 한다는 것을 강조하기 위함이었다. 우리의 국력은 강해졌고 복지정책은 확대일로에 서 있다. 뉴스 화면 한쪽에 또는 정부 관련 중대 사안 발표 및 보고현장엔 어김없이 수어 통역사들이 함께하고 자막이 나온다. 지극히 당연한 일이며 앞으로 다양한 방송프로그램은 물론이고 문화예술 공연현장 그리고 대중이 집합해있는 현장에서도 농아인들을 위한 통역이 진행되길 바라는 마음이다. 이뿐만이 아니다. 최근 들어 청각 장애인들의 의사전달을 담당하는 수어통역사手語通譯士들이 하나의 직업으로서 늘어나고 있는 것 같다. 설령 직업이 아닐지라도 우리가 기본적인 수어 몇 가지라도 익혀둔다면 언제 어디서든 청각장애를 지닌 이웃들과 만났을 때 인사를 주고받으며 소통을 확대할 수 있지 않을까. 그것이 바로 우리가 편견을 넘어 아름다운 동행으로 가는 시작이 아닐까 싶다.

나눔은 나눌수록 커진다

"미안하지만 오늘은 드릴 수가 없어요. 일반 트럭에는 식품을 실을 수가 없거든요."
"그래도 먼 곳에서 왔는데 주시면 안 되나요? 지금은 여름철이 아닌 데다 포장돼 있으니 상할 일은 없을 것 같은데요."
"죄송합니다. 법을 어기면 자칫 좋은 일 하려다가 되레 회사가 큰 피해를 보게 됩니다."

성남에 있는 S제빵회사에 기부받을 빵을 가지러 간 적이 있었다. 직접 내 트럭을 몰고 올라갔지만 허망하게도 빈 트럭 그대로 내려왔다. 낭패감에 휩싸여 우울하기도 했지만, 후원 봉사활동도 의욕만 가지고는 되는 일이 아니라는 것을 실감했다. 나 스스로 더 많이 공부하고 접근해야 했다는 자각과 반성도 하는 계기가 되었다. 이미 오래전 일이지만 주변에서 푸드뱅크 관련 얘기가 나오면 나도 모르게 나의 실수담을 풀어놓곤 한다.

2005년 고향에 내려와 농사를 짓고 교회를 다니고 지역주민들과 어우러지면서 활동폭도 자연스럽게 넓어졌다. 그 무렵 영동지역의 사회봉사 단체인 '샘물사회봉사단'에 들어가 후원 회장을 맡게 되었다. 몸으로 실천하는 것이 봉사의 기본이라는 신념으로 정기적으로 빵을 기부해주는 제빵회사에 내 트럭을 직접 끌고 빵을 가지러 갔지만, 냉동탑차가 아니라는 이유로 거부당한 사연이었다.

교회 목회자들을 비롯해 관내 활동가들로 구성된 샘물사회봉사단은 20여 년 넘게 영동군 내 어르신들과 취약계층 군민들을 위해 다양한 봉사활동을 펼쳐오고 있다. 사실 후원회 활동을 하기 전만 해도 도의원이 되게 한참 전이었으니 지역 상황을 속속들이 알지 못했었다. 그러다 보니 어려운 이웃들이 의외로 많다는 것도 몰랐었고 건강과 관련하여 도와야 하는 어르신들이 적지 않다는 것 역시 그랬다. 우연한 계기에 후원회장을 맡고 활동을 하면서 군민들을 위해 그 누군가는 나서서 해야 하는 일이 많다는 것을 알았다.

후원회장의 역할은 식품을 기부해줄 수 있는 식품기업들을 발굴하여 기부 약속을 받아내고 종종 직접 배송과 전달을 담당하기도 한다. S제빵회사의 수년간 정기적으로 많은 후원을 해준 기부자로 그 감사함을 잊을 수 없는 기업이다. 최근 들어서는 맞춤 생산 시스템으로 예전보다는 잦지 않지만, 한때는 보은군 지역까지 나눔을 함께 했을 만큼 다량의 빵을 기부해주었다. 최근 들어서는 김치, 콩나물, 사골곰탕 등의 먹거리들을 꾸준히 기부해주는 기업들이 있다. 특히 관내 저소득층 어르신들의 경우 사골곰탕과 같은 간편식은 손

쉽게 식사를 책임져주는 역할을 함으로써 큰 도움이 되고 있다. 정기적으로 꾸준히 식품을 기부해주는 회사들을 보면 대표작의 나눔 정신이 참으로 존경할 따름이다.

봉사단 활동을 하면서 늘 감동하는 미담의 주인공들이 또 있다. 바로 대전광역시에 소재한 산성교회의 의료봉사단들이다. 내과 안과 등 분야별 전문 의사들로 구성된 그들은 매년 우리 군을 찾아와 노인들 진료 봉사활동을 펼쳐오고 있다. 내가 가진 재능으로 나보다 어렵고 힘든 이들에게 도움을 주는 일이야말로 매우 가치 있는 일이 아니던가. 더욱이 건강이 곧 행복한 삶의 지표가 되는 노인들에게 히포크라테스 정신을 펼치는 그분들의 활동이야말로 그 숭고한 정신을 다시 한번 깨닫게 된다. 그런가 하면 같은 대전광역시에 거주하는 눈사랑안과 ○○○ 원장에게도 이 지면을 빌어 감사의 말씀을 전하고 싶다. 벌써 몇 년째 우리 관내 어르신들의 백내장을 비롯한 안과 수술을 절반 가격만 받고 봉사를 펼치고 계시는 분이다.

최근 영국의 상황을 보도한 뉴스가 눈에 띈다. 코로나19로 2년 넘게 전 세계 국가들이 힘든 상황에서 영국은 물가 상승률이 30년 만에 최고 수준인 5.4%로 대부분의 국민에게 큰 부담이 되고 있으며 이로 인해 푸드뱅크를 찾는 사람들도 급증하고 있다고 한다. 소득은 늘지 않은데 치솟는 생활 물가에 코로나19의 영향 등으로 실직한 사람들에게는 푸드뱅크가 삶을 지속할 수 있는 유일한 창구가 되고 있다고 한다. 경제 대국인 영국마저도 이러한 현실이니 우리 국민 중 복지의 사각지대에 놓여있는 분들 또한 지금 힘든 시기를 보내고 있을 것이다. 그 어느 때보다도 이웃에 관한 관심과 나눔의 정신이 절실한 시기가 아닌가 싶다.

 아무리 생각해도 나눔만큼 아름다운 삶이 또 있겠는가. 우리 영동의 군민들도 가장 가까이 있는 내 이웃부터 살펴보고 보듬는 따뜻한 날들이 이어지길 소망해본다.

농업은 타이밍이 결정한다

고향으로 돌아와 농민의 한 사람이 된 지 어느새 20여 년 가까운 시간이 흘렀다. 중년 시절까지만 해도 고향으로 다시 돌아오리라는 것은 물론이고 농사를 지을 것이라는 생각은 인생계획에 아예 없었다. 그 누구도 앞날에 대한 장담은 함부로 하지 말라고 했던가? 세상사는 변화무쌍하다는 말처럼 그러던 나 또한 지금은 반전의 삶을 살아가고 있다.

귀농도 귀촌도 아니었다. 그저 다시 고향으로 돌아온 것이다. 자연스럽게 오 십여 년 넘도록 노모가 혼자서 꾸려오던 농사를 떠맡으면서 농업에 대한 현실도 피부로 느끼게 되었고 농촌의 오늘과 내일에 대한 생각도 여물어진 시간이었다.

우리 집 농사 현황을 공개하건대 부농과는 거리가 멀다. 벼농사 2천여 평, 배 농사 6백여 평이 전부다. 여기에 오래전부터 관심을 두고 취미 삼아 시작했던 양봉을 겸하고 있다. 사람의 손으로 일일이 모든 과정을 챙기는 전통적인 농경시대는 말 그대로 옛날의 일이 된 지 오래다 됐다는 것을 농사 경험이 없는 도시인들도 훤히 알고 있을 터이다. 기계화 영농에 이어 스마트 팜 시대에 돌입했다. 그러니 이제는 자금력만 충분하면 농업도 규모의 경제의 수가 반영되어 투자 대비 수익도 따라올 것이라는 생각을 할 것이다. 현실도 과연 그럴까?

스마트 팜 시대라고 해서 기후변화의 영향을 받지 않는 것도 아니고 순전히 짜인 소프트웨어의 지원으로만 모든 게 가능한 것도 결코 아니다. 열대작물이나 시설채소는 기후의 영향을 그나마 덜 받는 편이지만 노지작물은 또 다른 시각에서 봐야 한다. 벼나 보리 농사나 전통적인 감, 사과, 배, 호두, 등의 과일 농사는 장비의 힘은 빌릴수 있어도 스마트 팜으로는 접근조차 불가능하다. 우리 조상들로부터 내려져 온 명언이 있다. '농사는 하늘의 뜻에 달렸다'고. 노지작물의 성패는 그야말로 첫째가 기후조건이고 그다음은 농부의 땀과 손길이며 그리고 중요한 것 또 한 가지가 농부의 '촉'이다.

농업만큼 '때'가 중요한 게 또 있을까 싶다. 햇빛, 바람, 온도는 하늘에 맡길 뿐 어찌할 도리가 없다지만 씨앗을 뿌리거나 심고 물과 거름을 공급하고 키우고 가지를 쳐주고 이상 현상이 나타났을 때 적합한 대처를 하는 일은 순전히 농부의 몫이다. 수년간 경험을 통해 얻은 노하우가 힘을 발휘한다. 매년 달라지는 상황에 즉각 대처하는 방법은 농부만의 비법 즉 다양한 경험에서 쌓인 농부의 감感과 기술이 좌우한다. 김씨, 이씨, 오씨가 같은 마을에서 똑같은 토양의

논밭에서 작물을 재배했는데도 집집마다 수확량이 판이하게 다른 것은 바로 그 단적인 예이기도 하다.

고향에 내려와 살면서 수년간 다양한 경험을 했다. 농촌지도소에 가서 교육도 받고 지인들로부터 값진 비법도 전수받았다. 직접 책을 통해 공부도 했다. 더욱이 아는 이 하나 없는 시골로의 귀농 귀촌이 아니라 고향이었기에 그나마 이웃들과 옛 친구나 선후배들을 통해 쉽게 얻게 되는 정보가 한둘이 아녔다. 그럼에도 불구하고 농업이 그리 만만찮은 분야라는 것을 수없이 깨달았다. 같은 재료와 레시피로 음식을 해도 셰프의 손맛에 의해 맛이 결정되듯이 농사 또한 배우며 시작한 초보 농부와 수십 년간 다양한 경험을 통해 대응하는 시기와 방법을 잘 아는 베테랑들과는 현격한 차이가 나타난다는 것을 피부로 체감했다. 그래서 얻은 결론 하나는 땀과 정성은 기본이고 노지농업일수록 못해도 10여 년은 직접 지어봐야만 어느 정도 대응력이 생긴다는 사실이다.

뒤늦게 철 든다는 말이 있다. 나야말로 농업에 관한 한 그런 것 같다. 뒤늦게서야 그 속을 제대로 들여다보며 땅과 나무를 비롯한 자연의 위대함과 농부의 삶을 제대로 배우고 몸으로 느끼는 시간이 되고 있다. 이는 영동군을 대변하여 도정에 참여하는 도의원으로서의 활동에 자양분이 되기에 충분하다. 정치인이 된 게 감사한 일이 아니고 농민의 현실과 마음을 직접 경험을 통해 대변하고 고민할 수 있다는 점에서 매우 감사한 일이라는 생각하게 된다.

겨울의 농촌은 언뜻 쓸쓸하다 못해 서글픔마저 느끼게 한다. 가지만 앙상한 과일나무들 그렇고 참새마저도 찾아오지 않는 휑한 들판이 그렇다. 안마당으로 찾아드는 따스한 햇볕이나 장작불을 지피는 어느 집의 굴뚝에서 나오는 연기마저 없다면 시간이 멈춰진 듯한 느낌이 지배적이다. 고향에 처음 내려왔던 겨울이 꼭 그러했다. 하지만 이제는 어느새 자연과 동고동락하는 삶에 익숙해진 것인지 봄을 기다리고 가을을 기원하는 마음이 더 크기에 쓸쓸할 틈새조차 없다. 겨울이 찾아와 찬바람만이 놀다가는 들녘을 바라보면서 또는 잎새까지 다 떨구어버린 나목들을 쳐다보면서 감상적인 아쉬움과 허무함 따위는 갖지 않는다. 눈보라와 삭풍을 견디어내야 하는 시간이 결코 즐거운 일은 아니겠지만 다음 해에 새로운 가지를 치고 꽃을 피운 후 열매를 맺기 위해서는 마땅히 받아들여야 할 인고의 시간이니 잘 참아내 달라는 용기와 위로의 메시지를 건넬 따름이다.

그러고 보니 어느새 나도 농민을 한 사람으로서 귀농 귀촌을 준비하는 이들에게는 선배가 되어 있다. 청년 시절부터 농업으로 잔뼈가 굵은 전업 농민들에 비하면 여전히 어설픈 수준이겠지만 그래도 귀농·귀촌을 준비하는 청년들에게는 꼭 전하고 싶은 말이 있다.

"농사는 도시에서의 점포사업과는 다릅니다. 단 몇 년 안에 투자 대비 높은 수익을 기대하지는 마십시오. 처음부터 너무 크게 벌이려고 하지도 마십시오. 먼저 배운다는 마음으로 접근하고 이웃해 있는 기존의 농민들과 소통하면서 차근차근 농업의 기반을 다져나가십시오. 십 년 후 삼십 년 후 더 멋진 모습 더 풍요롭고 에너지 넘치는 모습을 상상하면서 시작하면 좋을 것 같습니다."라고.

꿀벌이 가르쳐주는 공존공생의 삶

양봉 130여 통을 치고 있다. 무엇 때문인지는 몰라도 오래전부터 양봉에 관심이 많았다. 이미 30여 년 전 어머님께 벌 몇 통을 사드렸던 것을 물려받았다. 도중에 한두 어 차례 실패를 경험한 당신께서는 더는 양봉을 하지 말라고 만류했지만 기필코 다시 몇 통을 사다 놓고 이마저도 안 되면 포기하겠다는 약속까지 했었다. 직접 책을 보고 전문가들의 조언을 들어가면서 양봉에 빠져들었고 해가 거듭될수록 꽤 많은 수로 늘어났다.

수백여 통을 치면서 전문적으로 양봉을 하는 이들에 비하면 나는 여전히 초보나 다름없다. 큰 소득을 기대하고 이어온 일이 아닌 데다 실제로 생활에 큰 보탬이 될 만큼 수입원의 역할도 하지 못한다. 그런 데다 최근 2년 동안은 꽃이 피는 시기에 기후조건까지 맞지 않았던 탓에 지인이나 친척들과 나눌 꿀조차 뜨지 못했다. 그런데도 나에게 양봉은 예나 지금이나 밤낮으로 애지중지하는 존재 그 자체다. 어쩌면 나는 꿀벌들의 세계에 도취해 있는 것인지도 모른다. 벌들의 일생이 사람과 비슷한 구석이 많은 데다 그들의 삶이 조직적이고 체계적으로 운영되고 있다는 것을 직접 눈으로 보고 알게 된 후로는 경이로움을 뛰어넘어 감탄과 칭송을 하기에 이르는 정도가 됐으니까.

벌의 수명은 정말 짧다. 하루살이에 비하면 그마저도 긴 것이겠지만 우리 인간에 비하면 그야말로 깃털같이 살다가는 삶이다. 수명이 가장 긴 여왕벌이 3년 정도이고 수벌은 3개월 정도다. 그 외의 일벌들은 대부분 불과 한 달 남짓 살다 떠난다. 길어야 두어 달이다. 그런데도 꿀벌들의 일생은 그들만의 매우 사회적인 시스템하에 지혜롭게 진행된다.

여왕벌은 사는 내내 알을 낳고 다른 벌들을 체계적으로 관리를 하고 통솔한다. 수벌은 여왕벌과 한차례 교미를 한 후 쫓겨나는 신세가 되어 죽음을 맞이한다. 일벌의 생은 그보다도 짧지만, 그들은 생의 주기에 맞춰 자신의 역할을 충실히 해낸다.

알에서 깨어난 일벌들은 가장 먼저 벌장 청소를 담당한 후 태어난 지 4~6일에는 쉴 새 없이 벌통과 꽃나무들을 오가면서 꿀과 화분을 실어 나른다. 한창때인 6~10일 사이에는 젤리 생산과 함께 어린 벌과 여왕벌에게 젤리를 공급한다. 그 후 5일 정도는 외부작업 벌이 수집해온 꿀과 화분을 저장하고 그다음엔 벌집 짓기와 갓 태어난 새끼 돌보기를 담당한다. 그러다 가장 왕성하게 일하게 되는 시기가 되면 꿀과 화분, 프로폴리스 등을 채취한다. 이렇게 두 달여 시간이 지나면 늙은 벌이 된다. 이쯤 되면 쉬어야 하는데 그렇지 않다. 벌통 앞의 문지기가 되어 다른 벌의 침입을 막는 일을 한다. 외부의 침입에 대응하며 침을 쏘고 나면 그것으로 생을 마감한다. 태어나서 죽는 날까지 자신의 나이와 힘에 맞게 각각 역할을 담당하는 것이다. 이뿐만이 아니다. 일벌들이 집을 나가 꽃을 발견하고 꿀을 확보해 제집을 찾아 돌아오고 또 동료들을 이끌고 꽃을 찾아 나설 수 있는 데는 그들만의 신비한 습성과 감각이 숨어있기 때문이다.

우리는 흔히 벌이나 개미를 두고 부지런한 존재의 대명사로 칭하면서도 그들의 존재감과 역할론 그리고 질서에 대해서는 알지 못한다. 게다가 사는 동안 편견과 독선에 빠져들고 공동체적인 삶과 역할론을 무시한 채 자신만의 당위성과 자만감에 취한다. 그로 인해 타인에게 상처를 주고 사건과 사고를 만들기를 되풀이하기도 한다. 사회라는 큰 원 안의 공동체적인 삶의 중요성과 인생의 깊이를 깨달으면서 나이가 들면 그나마 제대로 된 어른이다. 진정한 어른 소리를 듣지도 못하며 인생을 사는 이들도 부지기수다.

예나 지금이나 시대 변화에 상관없이 직업이나 학력의 편견에 갇혀 평등의 개념이란 간데없이 타인을 깔보고 무시하는 사람들, 자신의 욕심과 욕망을 채우기에 급급한 나머지 누군가를 악용하고 짓밟는 사람들, 오로지 돈과 지위로 삶의 등급을 정하려는 사람들 등등 오만과 착각에 사로잡혀 저 잘난 맛에 사는 이들이 적지 않다. 공정과 평등을 지향하는 사회에서 환영받지 못하고 존경받지 못하는 그들을 볼 때마다 더욱더 꿀벌들의 일생을 생각하게 된다. 꿀벌들은 각각 맡은 임무가 있고 서로가 분업화하여 그로 인해 조직이 원활하게 운영된다. 인간 세상처럼 서로 자신의 것만 취하고자 상대를 해치고 빼앗고 무너뜨리는 전쟁이 없다. 무엇보다도 그들의 삶 자체가 인간과 자연에 많은 것을 선물해주지 않던가?

유엔식량농업기구FAO에서는 꿀벌이 사라지면 지구도 서서히 사라져갈 것이라는 경고 메시지를 던졌다. 꿀벌은 식물의 꽃가루를 옮겨 열매를 맺게 하는데 꿀벌들이 종적을 감추면 농작물들은 열매를 맺지 못해 사라질 것이며 동물들도 먹이가 없으니 사라져 버린다는 논리다. 생태계 파괴와 지구온난화도 진행되면서 먹이사슬의 정점에 있는 우리 인간 역시 식량 부족과 전쟁으로 사라질 수밖에 없다는 얘기다.

최근 들어서야 전 지구촌이 환경을 이슈로 내세우면서 자연보호와 기후변화를 심각하게 받아들이고 있다. 글로벌 기업들은 너나 할 것 없이 ESG Environment, Social, Governance 경영을 부르짖고 있다. 사실은 뒤늦은 자각이다. 일찌감치 산업혁명 초기부터 기업 활동에 친환경, 사회적 책임 경영, 지배구조 개선을 접목하고 실천해왔다면 이제 와서 지구의 생명을 걱정하는 일은 덜 했을 터이다.

우리는 '만물의 영장'이라는 사람이다. 인간의 영역 안에서 지배받고 성장하는 모든 동식물계를 비롯한 생태계에 우리는 무엇을 어떻게 해야 할지 더 심각한 고민에 빠져들어야 할 때다. 그것은 꿀벌의 세계만 보아도 쉽게 답을 얻을 수 있지 않을까? 전쟁이 없는 공존공생의 평화를 위한 우리는 모두 어떻게 각자의 역할을 할 수 있을 런지에 대해서.

광범위한 분야에 다양하게 적용 가능 일라이트만의 핵심가치를 유기적으로 이어지는 연결고리로 표현
● : vision ● : health ● : life ● : illite

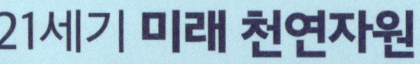

이건 핫한 광물이 있어?
21세기 미래 천연자원
K-일라이트

1. 일라이트?

일라이트는 **중금속 흡착, 유독가스 흡착, 정화작용, 식물성장촉진, 원적외선 방출, 항균효과** 등이 우수하다고 알려져 **21세기 미래천연광물로 없어서는 안될 중요한 자원**이 되고 있어!

일라이트 유래
미국 일리노이 주 기관사가 푸른 숲을 유지하는 곳이 있음을 보고 의문을 가져 그 지역을 탐사해 광석을 발견, 채취하여 화분 밑에 두었더니 화초가 빨리 자라고 싱싱함을 발견 후일 일리노이 대학의 그림(Grimm)교수가 그 광석을 연구하였고 지역의 이름을 따서 '일라이트'라고 명명하였음

2. 일라이트 하면 충북 영동군

대한민국 천년자원!
충북 영동 일라이트!

일라이트는 캐나다 퀘백주, 미국 일리노이주, 펜실베니아주, 중국 사천성, 호주 등에 소량 매장되어 있지만 **맥상으로 세계 최대 매장량은 대한민국 충북 영동군이 유일!**

3. 일라이트 효능 및 활용분야

· 피부 비자극성
· 화장품 기초 원료

· 식물성장촉진
· 가축보조사료

· 탈취 및 항균 효과
· 유해물질 저감 효과

· 원적외선 방사로 면역력 증진
· 수처리제 효능 탁월

▼

크림·비누·마스크팩

▼

콩나물

▼

페인트·타일

▼

온열제품

<무처리> <일라이트 1%>

THE Second
청년의 미래 '충북'

우리 군민들은 영동에서 나고 자란 후 다시 고향으로 돌아온 나를 충북도의원의 길에 세워 놓았다. 그것은 소통과 통합의 리더십으로 군의 발전과 군민의 화합을 이끌어보라는 것이었으리라. 지난 8년 동안 전통주 지원 조례를 만들고 도의 북부 남부 균형발전의 중요성과 수출 드라이브 정책의 필요성에 목소리를 키웠다.

❶ 30주년 선물 의정대상 수상
❷ 충북예술인대회
❸ 형석광산채굴 재현
❹ 우수의정대상 상패
❺❻ 프랑스 샹파뉴지방의 샴페인 견학

소통과 통합의 리더십을 지향한다

'최대 다수의 최대 행복'

18세기 말 영국의 사상가이자 법·철학가로 공리주의의 체계화에 힘쓴 영국의 제러미 벤담 Jeremy Bentham은 공리주의功利主義로 대표되는 인물이다.

근대 시민사회의 윤리적 기준이 되었을 뿐만 아니라 영국 고전 경제학의 사상적 기초와 자본주의 질서 구축의 토대가 되었다. 이익을 기준으로 사회의 제도나 문화 그리고 그 운영방식을 판단한다는 점에서 공리주의가 공익의 보장과 직결되는 것은 아니며 오히려 배치될 수도 있다는 비판을 받고 있기도 하지만 나는 이에 동의하는 태도다. '정치는 모든 국민을 행복하게 만들 의무가 있다'라는 나의 소신에 잘 맞아떨어지는 철학적 논리이기 때문이다.

의원활동을 하면서 나름 정치가의 자격으로 몇 가지를 꼽았다. 도덕성, 미래를 보는 혜안, 소통과 통합의 리더십, 국민 행복 추구

등이다. 국민의 리더로서 솔선수범하려면 도덕성을 갖추는 것은 모든 정치인에게 기본이 되어야 하고 미래의 변화 예측을 통한 발전 방향 제시는 책임 있는 법과 정책을 탄생시키고 국민의 안녕과 국가 성장을 이끌 것이다. 다른 정치인들 역시 이에 대해서는 너 나 할 것 없이 하나같은 마음일 터이다. 다만 소통과 통합의 리더십에 있어서는 각자 생각을 하더라도 '나는 이 점에 대해 떳떳하다'라고 말할 수 있는 현직 정치인들이 얼마나 되는지 적잖게 궁금한 점이기도 하다.

정치인이 정치하는 이유는 무엇일까? 정당을 떠나서 여야를 떠나서 정치인들이 공통으로 추구하고 이루어야 하는 것은 한가지다. 국가와 국민을 위한 일을 해야 하고 모든 국민이 다 함께 행복한 국가와 사회를 만들어간다는 것이 아니겠는가? 그런데도 오늘의 우리 정치계는 참으로 이해하기 어려운 늪에 빠져있는 듯한 모습을 보여주고 있는 게 현실이다. 정당 간의 서로 다른 견해, 추구하는 정책의 방향성, 여야 간의 견제 등은 한 나라의 정치를 성숙시키고 균형을 유지하는 데 매우 중요한 일이다. 하지만 우익 좌익으로 나누어진 선 긋기 정치와 시쳇말로 내로남불과 다른 바 없는 이기적인 자기 중심주의가 만연돼 있다. 소통을 통한 통합의 정치를 추구하는 게 아니라 총칼만 들지 않았을 뿐 너 죽고 나 죽고 식의 치킨게임 chicken game(당사자가 모두 최악의 상황에 직면할 가능성을 초래하는 극단적인 경쟁)으로 일관된 양상을 드러낸다. 여기에 국민까지 합리적이고 이성적인 판단에 앞서 매사에 편 가르기를 하게 하여 통합

은커녕 갈등의 심화와 분열만 부추기고 있다. 정치인 누구든 국민 앞에서 부끄러워해야 할 일이다.

소통은 매우 중요한 도구이다. 우리 사회 구성원 각자의 이해와 갈등을 통합해서 국가가 추구하는 목표로 이행할 수 있도록 하는 것이다. 정치인들은 국민과 소통하고 정치인들 간의 소통이 일상이 돼야 한다. 이견과 갈등으로 인해 종종 시끄러운 소리가 새어 나올지라도 상대방의 말에도 귀 기울여 경청하면서 무조건 'NO'가 아니어야 한다. 매우 바람직한 상대의 의견에는 'That's a good idea. 좋은 생각이다'로 호응하거나 상대가 제시한 것도 대안이 될 수 있다면 'That's one way to do it. 그것도 한 가지 방법이다'라고 말할 수 있어야 한다.

경청은 자기착각에 빠져들지 않게 해주는 자성과 자각의 스승이며 소통은 오만과 편견을 꾸짖는 그들의 어른이다. 자고로 국가와 국민을 위한 정치라면 나와 다른 진영일지라도 다른 생각하고 일지라도 언제나 들을 준비가 돼 있어야 하며 무시로 대화를 나눌 수 있는 판을 만들어야 한다. 목표는 우리 모두를 위한 것, 우리 모두의 행복을 추구하는 일이기 때문이다.

학창시절도 직장인 시절도 나는 말을 잘 하는 사람도 아니고 남 앞에 나서서 말을 많이 늘어놓길 좋아하는 편도 아니다. 화자이기보다는 청자의 입장에 가까운 편이었다. 도의원으로 일하면서도 마찬가지였다. 주로 듣는 편에 있었다. 의정활동 시 도의회 회기 기간 중 5분 발언이나 영동군을 대변해야 하는 일에는 적극적으로 나섰지만, 일상에서의 삶은 먼저 말을 하기보다는 상대의 말에 귀를 기울인다. 싫은 얘기든 좋은 얘기든 충분히 듣고 그것을 내 삶에 내 활동에 어떻게 투영할 것인가에 대해 고민을 한다. 그러다 보니 가끔 들리는 얘기가 있다.

"박 의원은 좀 우유부단한 사람 같구먼."
"그냥 사람은 좋은 디 강단은 약한 것 아녀."

도민이나 군민 그 누군가의 평가이니 이 또한 달게 들어야 한다. 나서서 큰소리치며 휘젓고 다니는 스타일은 아니니 당연히 이런 염려를 할 수도 있겠다는 생각을 한다. 단 우리 영동군민들에게는 이 책을 통해 분명하게 전해드리고 싶다.

"저 박우양은 경청에 익숙한 사람입니다. 그렇다고 할 말을 하지 않는 사람은 아닙니다. 제가 펴야 할 주장은 그 누구보다도 강하게 피력합니다. 다만 저는 경청의 소통을 통해 다름을 인정하고 반대편의 사람도 내 편으로 만들고자 합니다. 상대를 무시하고 짓누르고 내가 일어서는 정치는 지양합니다. 이념이 다르고 당이 다르더라도 상대의 옳은 소리에 귀 기울이며 그들의 진실을 존중해주고자 합니다. 박우양은 그렇습니다."

전통주 지원 조례를 만들다

내 고장 칠월은 청포도가 익어 가는 계절
이 마을 전설(傳說)이 주절이 주절이 열리고….

독립운동가이자 시인이었던 이육사의 시 '청포도'는 딱히 누구의 고향이 아니어도 언제나 고향을 떠올리게 한다. 이 시를 접할 때 영동이 고향인 사람들이라면 시인의 서정이 더욱더 가슴에 와 안기는 구절일 것 같다. 설령 남모르는 가슴 아픈 사연이 있다 할지라도 마음을 속일 수 없는 게 나고 자란 고향에 대한 향수다. 나 또한 고향을 떠나 도시에 살던 때도, 외국에 가 있던 짧은 시절에도 가을이면 고향의 내음이 느껴지곤 했으니까.

내 고향 영동은 충청북도에서도 가장 따뜻하고 일조량이 많은 지역이다. 최근 '과일나라'라는 닉네임이 붙었을 만큼 생산되는 과일이 많고 맛이 매우 좋다. 포도, 복숭아, 감, 표고, 호두 등등. 20여 년 전부터 포도 가공품으로 와인과 포도즙이 영동을 대표하는 얼굴이 되고 있다. 금강 상류지역으로 곳곳에서 발원한 지류들이 금강에 흘러들고 한서의 차가 심한 대륙성 기후의 특징을 보이지만 포도 생육에는 더없이 좋은 조건을 갖추고 있는 셈이다. 무엇보다도 추풍령 자락에 위치하여 일교차가 커 영동 포도는 빛깔이 선명하고 향이 좋으며 당도가 높다. 전국 생산량의 12.6%를 차지한다. 일찌감치 영동은 2009년에 포도 산업 특구로 지정되었으며 최근엔 고가의 몸값을 자랑하며 수출상품으로도 주목받고 있는 명품 포도 '샤인머스켓' 재배 확대로 포도 명가의 영동의 이름값은 더욱 높아지고 있다.

근래 들어 사과, 딸기, 포도, 파프리카 등을 비롯한 한국의 농산물들이 수출에 효자 노릇을 하고 있다는 보도가 심심찮게 나오곤 한다. 농업연구기관들의 육묘와 품종개발을 위한 노력은 물론이고 농민들의 정성과 땀이 우리 농업의 장래를 밝게 해주고 있다는 점에서 참으로 고무적인 일이 아닐 수 없다.

농산물 명품이 탄생하기까지는 생산자는 물론이고 관련 기관들의 지원 그리고 정부 차원의 정책이나 관련 법규 제정 등이 함께 이루어져야 한다. 도의원의 길을 걷기 이전부터 고향에 내려와 직접 농산물을 재배하면서 농산물의 명품화를 위해 무엇이 필요한지에 대해 다양한 고민을 하곤 했다. 민선 6기 도의원이 된 후 분과활동으로 산업경제위원회를 택했다. 농촌에 거주하면서 직접 눈으로 보고 느낀 현실 속에서 문제점이나 발전 방향을 찾을 수 있었기에 농업과 농촌발전을 위해 도의원으로서 할 수 있는 역량을 최대한 발휘

해보겠다는 각오였다.

2015년 1월 28일 열린 충북도의회 산업경제위원회 제337회 임시회 제2차 위원회에서 '지역 전통주 산업 육성 및 소비문화 장려 조례안' 원안 의결한 것은 나름 영동군민의 한 사람으로서 자부심이 생기는 일이었다. 영동을 대표하는 포도와 그 가공품인 와인을 위해 힘을 실어줘야 한다는 다짐을 한 게 조례를 내놓게 된 이유였다. 이에 지역 전통주 산업 육성과 소비 촉진에 필요한 충북도의 행정·재정적 지원을 위한 이 조례안을 발의했다. 조례안에는 우리 술의 우수성을 널리 알리고 농촌경제 활성화에도 도움이 되는 전통주 육성장안을 토대로 도 주최·주관 행사 때 지역 전통주를 우선적으로 이용해야 한다는 내용도 담겨있다. 도의원들 모두가 지역 전통주를 살리고자 하는 마음은 한결같았기에 이 조례안은 만장일치로 의결됐다. 이어서 지난해 5월엔 이상정 의원의 발의로 충청북도 지역 전통주 산업 육성 및 소비문화를 더 확대하고자 하는 일부 개정 조례안이 발의돼 통과됐다. 전통주 개발 및 품질 향상을 위한 사업과 홍보 및 판매 등을 지원하기 위한 사업 그리고 전통주 산업 육성을 위한 교육 훈련 등에 앞으로 5년간 도의 지원이 더욱 적극적으로 이루어질 것으로 기대되고 있다.

영동 포도는 과일 그 자체로도 국내 소비와 수출이 이루어지고 있지만 와인은 물론이고 즙과 포도초 등으로도 가공되어 해마다 시장이 확대되어 왔다. 지난 2년간 코로나19의 여파로 인해 재배 농가들이 힘든 시기를 거쳤지만, 올해는 명품 영동포도가 다시 날개를 다는 한 해가 되길 바라는 마음이 간절하다.

지역의 특산품을 살려 명품화시키고 시장 확대를 꾀하는 것은 단지 농가소득증대에서만 그치지 않는다. 스마트농업이 현실화된 지금 청년 농업인들을 어서라고 손짓하는 가장 힘 있는 요인이 된다. 전국 모든 농어촌 지역에서 인구감소와 고령화를 위해서 심각한 고민을 하는 시기다. 따라서 앞으로도 도의원으로서 농민들을 대변해야 할 일들은 한둘이 아닌 것 같다. 영동군민들의 지지가 지속하는 한 나는 농업현장의 한 사람이자 그 대변자의 역할을 과감하고 다양하게 펼쳐볼 작정이다. 도의원 배지는 나에게 있어서 더 명예나 권위의 의미는 아니다. 그것은 영동군민 모두의 이름이자 목소리를 대변하는 상징으로서의 존재감을 느낀다.

도의회 산업경제위원회에서 프랑스 샹파뉴에 산업시찰을 다녀온 적이 있다. 애주가가 아니었던 탓인지 뒤늦게서야 그때 새롭게 알게 된 것이 있다. 우리가 흔히 축제의 포도주로 말하는 발포성 와인인이 '샴페인'의 유래였다. 샴페인은 프랑스의 샹파뉴Champagne 지역에서 생산된 스파클링 와인Sparkling Win으로 지역명을 그대로 붙여 탄생한 이름으로 그 시작은 1663년부터라고 한다. 포도주 생산 지역 이름이 상품명이 되어 세계인의 입에 오르내리기까지 무려 수백 년의 역사를 담고 있다는 점에서 다시 한번 놀라지 않을 수 없었다.

영동군에는 와이너리 전문 농가가 40여 가구에 달한다. 지난 20여 년간 다양한 제품을 선보이면서 포도의 고장 영동에 '와인의 고장'이라는 명성까지 입혀 놓고 있다. 최근 들어서는 대를 이어 창업자 2세들도 와인 제품 개발에 적극적으로 참여하는 분위기다. 역사는 짧지만 국내외 각종 와인평품회에서 수상을 하면서 영동의 이름을 더욱 높여가고 있다. 우리 영동의 와인들이 해외시장에서 명품으로 거듭날 수 있도록 정부와 지자체의 관심과 지원이 보다 확대되길 기대해본다.

지자체도 컨설팅이 필요하다

"대면 상담은 1회에 ○○ 만원 정도 한다던데요. 뭐 합격만 한다면 그게 문제겠어요. 열 번이라도 받아봐야죠. 모든 것은 다 때가 있는 법인데 …."

몇 년 전 가을이었던가. 서울에 볼일이 있어서 갔다가 지인과 미팅을 마치고 식사를 하면서 우연히 듣게 된 이야기다. 남의 얘기 엿듣는 게 좋은 일은 아니지만, 옆 테이블의 중년 부부가 나누는 대화가 너무도 명확하게 귀에 들어왔다. 얘기인즉슨 자녀의 대학 진학을 위해 전문컨설팅을 받아야겠다는 얘기였고 그 비용이 만만찮은 것 같았다. 그날 혼자 내려오면서 차 안에서 부부의 얘기를 떠올렸다. 그리고 이런 생각을 했다. 정작 컨설팅을 받아야 하는 곳은 우리 충청북도인데.

시대가 달라졌다. 대학입시 컨설팅을 받는다는 게 특별한 얘기가 아니다. 혼자서 머리 싸매고 고민하다가 학교 담임선생님과 몇 마디 대화 주고받은 후 대학입학원서 사다가 작성했다는 말을 하면

십중팔구는 '뭔 놈의 흘러간 라떼(?) 시절 얘기를 ….'이라고 말할 게 분명하다. 맞다. 세상은 달라졌으니까. 이제는 입시를 앞둔 학생들도 기업도 컨설팅을 받는 것이 아주 자연스럽고 당연한 시대다.

개인적으로 미래학자 앨빈 토플러의 지식과 미래 예측에 대해 존중하고 높이 평가하는 처지다. 그는 '미래쇼크', '제3 물결' 등의 화두를 던지면서 일찍이 지식기반 사회의 도래를 예견했다. 또 이미 2006년 『부의 미래』라는 저서를 통해 다가오는 제4의 물결을 예견하고 경제에서 사회제도, 비즈니스부터 개인의 삶까지 미래 세계를 조명했다. 그는 세계 여러 나라의 정부와 기업들을 대상으로 경제와 기술의 발전, 사회 변화에 대해 조언해 왔으며, 글로벌 트렌드에 대해 집필과 강연 활동을 해왔다. 그리고 그의 예측은 지금의 우리의 현실에 속속들이 나타나고 있다. 자본의 전환, 미래의 화폐, 일본이 넘어야 할 고비, 유럽이 잃어버린 교훈 등.

30여 년 전 지인에게서 직접 들은 얘기가 있다. 1992년 무렵 삼성전자는 당시 무려 20억 원을 들여 컨설팅 전문기업인 A로부터 컨설팅을 받았다고 한다. 전자, 반도체, 통신, 가전, 핸드폰 5개의 카테고리를 중심으로 컨설팅은 진행됐고 지금 삼성은 한국을 대표하는 세계적 기업으로 우뚝 서 있다는 데에 의문의 여지가 없는 현실이다. 그런데 당시 기업 측은 핸드폰 사업부를 반도체 내에 포함하려고 했지만 컨설턴트는 핸드폰은 하나의 독립된 갈래이어야 한다고 했다는 후문이다. 결과는 어떠한가. 실제로 삼성전자가 그간 핸드폰으로 국내는 물론이고 세계시장에서 올린 매출이 엄청나다는 것을 모르는 이가 없다. 역시 전문가의 판단과 예측은 비싼 컨설팅비용을 들여도 좋을 만큼 효과적이라는 것을 단적으로 입증한다.

전국 지자체 중 충청북도의 경제력은 물론이고 종합경쟁력은 하위에 머물러 있다. 도내 시 군중 비교적 최근 상승세를 드러낸 청주시와 비수도권 자치단체 중 인구증가율 1위를 기록하며 지역발전의 롤모델로 부상하고 있는 진천군만이 경쟁력이 크게 상승하고 있을 뿐 대부분의 다른 시 군들의 경쟁력이나 성장잠재력은 높지 않은 편이다. 무엇보다도 도내 지역별 경제, 교육, 문화, 복지 등에서의 편차가 크다는 것을 간과할 수 없는 것이 지금의 상황이다. 이 문제를 어떻게 풀어야 할까?

어느 한 가정, 한 마을의 일이 아니다. 충청북도는 160만여 명에 달하는 도민들의 경제, 주거, 교육, 건강, 문화 등등 전반에 걸쳐 책임을 지는 지자체다. 50년, 100년 앞을 내다보고 도의 비전을 만드는 일은 매우 중요하다. 도의 수장은 도지사다. 다만 아쉽게도 4년 임기의 도지사들이 그린 마스터플랜이 도시의 먼 미래를 다 책임져 줄 수는 없다는 것이다. 연임된다면 나름 자신들의 계획을 보다 구체적으로 풀어놓을 수도 있지만, 이마저도 도시의 장기적인 비전을 생각할 때 충분한 시간은 아니다.

전문화 전문가의 시대다. 일정 시간이 걸리고 비용이 들어가더라도 도시발전 전문가집단에 컨설팅을 받아야 하는 게 마땅하다. 오래전부터 컨설팅이 필요하다는 생각을 해왔지만 이런 얘기를 의회에서 꺼내는 것조차도 망설여진다. 이유는 한 가지다. 도의 경제력이다. 2021년도 충청북도 예산 규모는 5조 8,382억 원이었다. 돈 들어갈 곳은 대추나무 연 걸리듯 한 상황인데 당장 눈에 보이지 않는 도 비전 컨설팅에 몇십억 원의 예산을 할애하기란 쉽지 않은 상황이다. 그런데도 도의원의 한 사람으로서 나는 제안한다.

"더 늦기 진에 컨설팅을 받는 게 좋지 않겠는가? 아니 꼭 받아야 한다. 그게 미래의 충북을 위한 현명한 선택이다."

수출 드라이브 정책을 펴자

'자원이 풍부하지 않은 한국이 성장하는 길은 수출밖에 없다'라는 말은 어제오늘의 얘기가 아니다. 불가피한 이런 현실을 잘 극복하면서 경제성장의 견인차 구실을 하는 수출이야말로 대한민국 경제의 일등공신임에 틀림이 없다.

지난해 우리나라는 코로나19 악재 속에서도 전년 대비 25% 이상 증가하면서 사상 최고의 수출 규모를 보였다. 참으로 다행스러운 일이다. 역시 우리나라의 전통 주력 산업인 반도체, 석유화학, 자동차, 2차 전지, 바이오·헬스 등이 수출 증가를 이끌었다는 평가다. 국가 경제 차원에서는 자랑할만한 뉴스거리인 만큼 지난 한 해 동안 수출 관련 뉴스는 언론사들의 단골 메뉴로 등장했다. 하지만 나로서는 유독 영동군 우리 영동군 수출 희소식에 관심이 가는 게 당연한 일이 아니겠는가.

2019년에 도 지정 수출단지로 선정된 충북 영동군 추풍령 포도 수출단지는 지난해 4월 충북 도내 최고의 농산물 수출단지로 꼽혔다. 2021년도 충청북도 주관으로 시행한 도 지정 농산물 수출단지 운영실태 점검·평가결과 추풍령 포도 수출단지가 도내 최고점수를 얻어 '최우수 등급' 확정을 받았다. 추풍령 포도 수출단지는 2019년에 수출물량 11.6톤, 수출액 16만 7천 달러에서 2020년에는 수출물량 29톤, 수출액 44만 1천 달러로 150% 증가율을 보여 만점을 받았다. 전 회원 100% 수출 참여로 수출 농가 비율에서도 만점을 받았으며 수출 규모와 GAP 인증 농가 비율, 공동선별 비중 항목 총 9개의 평가항목 중 7개 항목에서 만점을 획득했다. '샤인머스켓'이 바로 그 주인공으로 2019년 베트남에 이어 2020년에는 도내 최초로 중국 수출지정단지로 선정이 되었다. 현재는 중국을 비롯해 베트남, 홍콩, 말레이시아 등으로 수출국뿐만 아니라 수출량도 늘려 가는 중이다.

우리 영동군이야말로 전통적인 농업지역으로 포도를 비롯한 감, 복숭아, 호두 등의 과일로 유명한 고장이다. 다만 농가들이 이처럼 맛좋고 당도 높고 신선한 과일을 생산하기 위해서는 그들이 생산에만 전력을 집중하도록 하는 지원이 중요하다. 농민들이 생산과 판로 두 가지를 다 신경 쓰는 것은 현실적으로 합리적이지도 못하거니와 설령 한다더라도 쉽지 않은 상황이다. 그러니 판로는 당연히 군과 도에서 시장을 발굴하여 다리를 놓아주는 역할을 해야만 한다.

일찌감치 이 같은 현실을 알고 있던 나로서는 구체적인 행동에 나서지 않을 수 없는 일이었다. 도의회 산업경제위원회 소속이었던 나는 2018년 9월 5일 제367회 정례회 1차 본회의에서 5분 자유발언을 통해 충북도의 문제 해결방안 수출을 위한 전략을 제안한 바 있다. '청년실업 문제 해결 등 문제 해결에 충북도가 앞장서자'라는 주제로, 청년실업, 자영업·소상공인 경영위기 등 현재 발생하고 있는 다양한 경제문제에 대한 대책 마련 및 도내 중소기업 해외판로 개척을 위한 통상 관련 업무 분야를 확대해야 한다는 것을 강조했다.

충북도는 이미 오래전부터 수출 통상과를 주축으로 수출 방안을 모색하고 수출전략을 이끌어가는 역할을 해오고 있다. 시장 환경이 바뀌면 그때그때 현실에 적극적으로 대응하는 전략은 필수다. 발빠른 기업들은 현지 출장이나 전시회 참가 등 대면 활동에 애로를 겪으면서 이미 2년 전부터 비대면 수출전략을 펼치고 있다. 지난해 충북도가 한국무역협회 충북지역본부와 공동으로 신종 코로나바이러스 감염증(코로나19) 등으로 수출판로에 어려움을 겪고 있는 도내 중소기업들을 대상으로 '중국 화동·화남지역 화상상담회'를 개최한 것은 매우 칭찬할만한 일이었다. 도는 중소기업 20개사를 선정했고 기업들은 개별사무실에서 전문 통역원을 지원받아 줌zoom, 위챗wechat 등 화상 플랫폼을 통해 인터넷으로 1대1 온라인 수출상담회를 진행했다고 한다.

중소기업이나 농업법인들의 수출일수록 직접(다이렉트) 수출이 필수다. 대기업의 OEM이나 중간 구매자를 통해 수출할 경우 중간수수료로 빠져나가는 불필요한 비용부담이 생긴다. 수출 결과 '앞으로 남고 뒤로 밑졌다'라는 말이 나오지 않게 하려면 직수출이 효과적이다. 다만 농민들로 구성된 농업법인의 경우 수출은 충북도의 적극적인 시장개척 지원 역할이 매우 중요하다. 전시회든 화상 미팅이든 일단 신뢰할만한 구매자들을 만나 거래가 이루어져야 하는데 농민들이 구매자 발굴까지 나서기에는 역부족이다.

최근 들어서는 제주도에서 주로 생산되던 밀감류 '천혜향'과 '레드향'도 우리 영동지역에서 생산되고 있을 정도다. '과일' 하면 '영동'이 먼저 떠오르도록 거듭나는 중이다. 오늘도 내일도 나는 영동의 농민들이 재배 생산하는 다양한 과일들이 도의 수출 드라이브 정책을 타고 더 많은 해외시장으로 훨훨 날아가길 기대한다.

시소가 한쪽으로만 기울어지면

아이 둘이 시소를 탄다. 그런데 체격의 차이가 눈에 띄게 도드라진다. 당연히 시소는 체격이 큰 아이 쪽으로 기울어지고 반대편 아이는 공중에 떠 있게 된다. 한쪽은 무소불위의 존재가 되어 지배하는 처지가 되고 다른 한쪽은 상대의 움직임과 결정에 의존해야 하는 상황이니 불안하기만 하다. 시소는 서로 오르락내리락하는 재미로 타는 놀이기구인데 어느 한쪽에만 힘이 쏠려있으니 흥미를 느낄 수 없다. 두 아이 모두에게 이미 재미없는 게임으로 끝이 나고 만다. 놀이든 스포츠든 긴장감 속에서 서로 팽팽하게 경쟁을 지속하고 있는 가운데 어느 정도 균형을 유지할 때 의미가 있지 않던가.

놀이기구 시소의 의미는 민주주의를 추구하는 시민사회와 정치에서도 일맥상통한다. 시민들의 소통이 활발할 때 배려와 양보를 낳고 그 사회가 아름다워지며 더 나아가 국력으로 이어진다. 정치는 어떠할까? 삼권분립을 통한 견제와 균형이 더 발전적이고 미래지향적인 민주주의를 꽃피우는 결과를 가져온다. 가정, 사회, 국가 등 힘이 어느 한쪽으로만 쏠리면 균형은 무너지고 자칫 독단과 독재를

잉태할 우려가 다분하다.

　민선 7기 재선을 통해 충북도의회 의원의 한 사람이 된 것은 매우 영광스러운 일이었다. 더욱이 제1야당인 국민의 힘 도의원 중에서는 유일한 재선의원이 된 것도 그야말로 감개무량 그 이상의 기쁨과 의미를 안겨주는 일이었다. 하지만 이는 나 한 사람만을 놓고 볼 때, 지극히 개인적인 승리일 뿐이었다. 재선에 당선되는 기쁨도 잠시 앞이 캄캄했다. 기울어진 시소의 약자 편에 서 있는 나를 자각하지 않으면 안 되었다.

　2018년 7월 민선 7기 충북도의원 임기 시작부터 당황스러웠다. 도의원 32명 중 구 국민의 힘인 '자유한국당' 의원은 단 4명뿐이고 나머지는 여당 의원이었다. 단지 여당 의원의 수가 많다는 게 문제가 아니었다. 최소 5명은 돼야 교섭단체를 꾸릴 수 있는데 그 자체가 불가능한 상황이었다. 7월 11일 열린 제366회 임시회 1차 본회의에서 나는 5분 자유발언을 통해 말했다.

　"현재 충북도의회는 '충북도의회 교섭단체 및 위원회 구성과 운영에 관한 조례' 제2조 교섭단체의 구성에 '의원은 5명 이상의 의원으로 교섭단체를 구성할 수 있다'라고 규정하고 있다. 5명으로 규정한 근거가 무엇인지 의문이 든다"

　이 같은 처지를 밝힌 데는 다른 지역의 규정과 우리 도의 규정이 다른 데 따른 것이다. 광역의회 교섭단체 구성 규정을 보면, 경상남

도의회는 조례에 교섭단체 구성을 전체 의원 대비 10% 이상 인원으로 규정하고 있고 경기도의회는 12명으로 규정하고 있는데 이를 전체 142명에 대한 비율로 환산하면 약 8% 정도가 된다. 또 제주도의회는 최소 인원수가 4명으로 이는 전체 의원 43명의 약 9%의 인원수를 교섭단체 구성 최소인원으로 규정하고 있다. 타 지자체의 사실을 강조하면서 우리 충청북도의 교섭단체 인원 규정은 문제가 있다는 것을 피력했다.

"각 광역의회가 교섭단체 구성을 위해 최소인원을 10%로 규정하거나 재적의원 대비 구성 최소인원을 비율로 환산할 경우 10% 이내로 나타나는 것을 볼 수 있다. 충북도의회도 소수정당이 의회에 입성할 기회가 다양하고 의회는 이들 소수정당의 목소리에 귀 기울이기 위해 교섭단체 구성 최소인원을 숫자가 아닌 의원 정수에 일정한 비율을 부여해야 한다. 충북도의회도 현재 교섭단체 구성 최소인원수 5명으로 규정한 부분을 개정해 경남도의회처럼 의원정수의 비율로 개정할 것을 촉구한다."

교섭단체를 구성하지 못하면 일방적으로 상대편에 끌려가는 형국일 수밖에 없다. 무엇보다도 예산 배정에 있어서 견제 없이 어느 한쪽이 내놓은 예산안이 그대로 결정될 경우 이는 결코 100% 옳은 일이라고 볼 수는 없다. 더욱이 도민들의 입장을 고려한다면 우리 당 의원들은 아무런 손도 쓰지 못하고 있는 허수아비 의원인 셈이니 이야말로 민폐를 끼치는 일이 아니고 무엇이겠는가.

교섭단체 구성 최소 인원수 조정의 필요성에 대한 나의 간절한 외침은 당장 어떤 결과로 이어지지는 못했다. 지금도 그대로다. 그나마 다행스러운 것은 보궐선거를 통해 우리 당 소속 의원 한 명이 늘어나면서 가까스로 교섭단체 구성이 가능해진 것이다. 그러니 내가 재선에 당선되었을 때보다도 더없이 기쁘고 감격스러운 일이었다.

정치에서 여당과 야당의 수가 동등하지 않다고 해서 이것이 잘못된 일이라고 할 수는 없다. 다만 견제와 균형의 정치가 불가능한 상황이라면 이는 우리 국민 모두의 문제가 될 수밖에 없다. 견제할 수 없는 상황에서 힘이 일방적으로 어느 한쪽으로만 기울어진다면 여야 어느 쪽이 되었든 간에 자칫 자만과 오만의 늪에 빠져들 수 있는 여지가 없지 않기 때문이다.

어느 칼럼에선가 '지속 가능한 지구의 모습은 구심력과 원심력이 서로 견제하면서 균형을 이루고 있어서 가능하다'라는 글을 읽은 기억이 난다. 다수의 사람으로 구성되는 세상 모든 조직에서는 견제와 균형이 무엇보다도 중요한 요소다. 상호 견제하는 처지에서 자유로운 토론과 이를 통한 협상이 이루어진다. 그리고 갈등은 봉합되며 민의를 위한 정치가 이루어지는 게 아니겠는가.

공부하지 않으면 안 된다

옛말에 '알아야 면장을 하지'라는 말이 있다. 논어의 〈양화편陽貨篇〉에 나오는 말로 여기에서의 면장免牆은 배움을 강조한 말이다. 공자는 공부에 게으른 아들에게 사람으로서 공부하지 않으면 마치 담장에 얼굴을 마주하고 서 있는 것과 같다고 꾸짖었다고 한다. 무슨 일을 하려면 그에 걸맞은 실력과 견식이 있어야 한다는 뜻이다.

도의원의 역할은 민의를 모아 대신 목소리를 내고, 도가 추진하는 다수의 공약사업 추진상황에 세밀하게 들여다보고, 또 그에 따른 예산 심의 시 도민의 의견을 반영시키면서, 도의 정책과 계획 추진에 견제하여 더욱 도민이 원하는 도정이 될 수 있도록 하는 한편, 바른 방향을 제시하는 일이다. 이러한 역할을 하기 위해서는 그야말로 여러 방면에서 박학다식하지 않으면 안 된다.

어느 분야이든 견제를 위해 문제를 제기하고 방향을 제시하기 위해서는 그 분야 대한 전문가적 지식이 필요하다. 이를테면 건설 분야에 대한 전문지식이 없으면 설령 도가 추진하는 건설프로젝트에 대해 무엇이 잘못되었고 어떻게 바꾸어야 한다는 말을 할 수가 없는 셈이다. 아는 게 없으니 해당 분야 전문가들이 하는 대로 끌려가는 수밖에 없는 일. 그렇다고 모든 도의원이 만물박사가 될 수 없으니 엄밀히 따지면 활동영역의 한계에 부딪힐 수밖에 없다는 게 당장 그 누구도 어찌할 수 없는 현실이다.

도의원이 되면서 바짝 긴장한 것도 이 때문이었다. 관심이 있고 또 잘할 수 있는 분과위원회에 소속이 되어 활동하게 되지만 32명의 위원이 분과별로 나뉘어서 해당 분과에서 역량을 발휘하는 것은 결코 쉬운 일이 아니다. 그야말로 아는 게 있어야 면장을 한다는 말처럼 알아야 활동을 왕성하게 하는데 모르면 그저 허수아비일 수밖에 없지 않은가?

민선 6기 도의원 활동 초기에 곧장 초선의원들을 중심으로 스터디그룹을 만들었다. 자발적으로 공부를 해서라도 법률을 비롯해 전문 분야의 지식을 쌓아야 한다는 절박함이 앞섰다. 우선순위를 정하여 관련 분야 자료를 찾아 발표하고 서로 리포트를 공유하면서 전문지식 축적에 나름대로 노력을 기울였다. 직접 발품 팔아가면서 자료를 모으고 전문가들로부터 도움도 얻고 도서관을 드나들면서 자료를 찾아가며 공부를 했다. 지금도 마찬가지다. 전문 분야의 법과 제도 정책의 변화 등에 관한 공부는 지속하고 있다. 공부 자체가 도민 군민을 위한 실무나 다름없기 때문이다.

혹자는 '도의원이 되기 전에 그만한 실력을 갖추고 있어야 하는 게 아닌가?'라고 말할 수도 있겠지만 도의원 업무의 현실을 들여다보면 의원들이 자발적으로 공부하지 않으면 안 되는 상황이다.

300여 명에 달하는 다수의 국회의원이 입법과 정책에 참여하는 것과는 차이가 있지만, 국회의원 한 명당 보좌진이 8명인데 반해 도의원은 단 한 명도 없다. 물론 도는 정부의 하부 지자체이고 규모가 작고 활동내용에 차이가 있긴 하지만 동의 조례를 발의하고 예산 심의에 참여하는 등 도의원의 할 일도 절대로 적지 않다. 보좌진이 단 한 명 있더라도 많은 도움이 되지만 그렇지 못했던 현실이다. 분과위원회별로는 전문위원이 있지만, 의원 개개인이 알아야 하고 필요로 하는 세부적인 관련 자료나 지식을 얻기까지는 한계가 있었다.

그나마 다행스러운 일은 올해부터 지방자치법이 시행되면 자치분권 확대를 내용으로 하는 지방자치법 전부 개정법률이 13일 시행됐다. 1988년 전부 개정 이후 32년 만에 다시 전면개정되어 시행되는 이번 지방자치법은 주민참여 확대, 지방의회 역량과 책임 강화, 행정 효율 증진 등을 꾀하고 있다. 이 중에서도 개인적으로 반가운 것은 정책지원 전문인력 도입이다. 이는 그간 도의회 의원들의 숙원이기도 했다. 단 한 명일지라도 정책자료를 모으고 도움을 되어줄 수 있는 인력이 지원된다는 것은 그만큼 의원들의 활동에도 탄력이 붙기 때문이다. 결과적으로는 도민을 위해 더 충실하게 더 효과적으로 일할 수 있다는 얘기이기도 하다.

민원이 존재할 때 지역도 발전한다

"공무원 생활이 역시 생각보다 정말 힘드네요. 허구한 날 출근해서 퇴근할 때까지 민원 응대하는 게 절반입니다. 이러니 뭔 놈의 새롭고 창의적인 아이디어가 나오겠습니까. 이래서 무사안일주의가 되는 게 아닌가 싶네요. 매번 네, 네, 알겠습니다. 좋은 방법을 찾아보겠습니다. 라는 말만 되풀이하는 겁니다."

40대 시절 얘기다. 서울에서 재직하던 직장의 청주지점으로 내려와 10여 년을 근무했다. 그때 만난 후배가 어느 날 신세 한탄 조로 자신의 행정직 공무원 생활에 대한 넋두리를 늘어놓았다. 그때는 직장생활이 다 그런 거라고 말하면서 참고 일하다 보면 진급하고 그러다가 차장 국장이 될 거라는 식으로 위로를 건넸다. 금융권 회사에 다니던 나로서는 사실 그 후배의 말이 크게 가슴에 와 닿지는 않았었다. 솔직히 고백하건대 60이 넘어 도의원이 되고 나서야 민원의 실상과 엄중함 그리고 그 가치에 대해서 실감할 수가 있었다.

흔히 국민이 행정 기관에 원하는 바를 요구하는 일을 '민원'이라고 한다. 민원을 접수하며 듣는 행정공무원 처지에서는 당연히 자신의 업무임에도 불구하고 지속하는 민원을 해결해줘야 한다는 것에 대한 부담과 그로 인한 업무 스트레스가 될 수도 있을 것이다. 하지만 민원을 제기하는 시민으로서는 당연한 권리 주장이자 입장 표명이다. 민의를 받드는 민주 주권의 사회에서는 엄중하게 받아들이고 처리해야 함이 틀림없다. 이 때문에 최근 들어서는 지자체별로 '어떻게 하면 민원을 더 신속하게 처리할 수 있는 좋은 대안이 없을까?' 고민도 하고 획기적인 묘안을 내놓기도 한다. 매우 고무적인 일이 아닐 수 없다.

그런데도 민원을 접수하는 당사자의 처지에서는 칭찬이나 덕담이 아닌 문제가 되는 사안에 대한 해결 요청이니 결코 즐거운 일만은 아닌 게 사실일 터이다.

"우리 논으로 들어가는 농로도 포장 좀 해주세요. 비 한번 오면 질퍽거려서 트랙터도 못 들어가고…."
"왜 우리 동네는 안 해줍니까? 의원님은 늘 다른 동네 먼저 챙기는 것 같은데 엄청 서운하네요. 아니 그게 그래야만 하는 겁니까?"
"낼모레면 벽이 무너지게 생겼어요. 노인들 사랑방이라고 그냥 내버려 두면 어떻게 합니까? 이건 아니쥬."

물론 도의원이 되면서부터 각오는 단단히 했다. 양쪽 귀를 활짝 열어두고 군민들의 목소리에 귀 기울여야 하고 어딜 가든 보고 느낀 것들을 일일이 메모해야 한다고 다짐을 거듭했다. 민선 10대에 이어 11대에 재선되어서도 생각과 다짐은 마찬가지다. 무려 8여 년 동안 군민들을 만나왔다. 역시 도의원 활동 중 늘 긴장되는 사안이자 책임감이 막중해지는 상황들이 민원을 접할 때이다.

영동군은 1개 읍 10개 면으로 구성돼 있다. 지난해 말 기준 23,813가구 45,773명이 거주한다. 회기가 아니면 평소 지역 곳곳을 돌면서 군민들을 만나 대화를 나누고 애로점과 건의사항 또는 제안을 듣고 메모하는 것이 도의원으로서 마땅히 해야 할 일이다. 군민으로서는 당연히 자신들을 대신하여 민의를 전하고 지역사회 발전을 위해 목소리를 크게 내달라고 선택한 인물이다. 그러니 행정 담당 부서에 접수한 민원이 해결이 안 되었거나 더디게 처리되면 도의원에게 말할 수밖에 없을 것이다. 내가 군민이라고 해도 당연한 이치다. 다만 도의원이 행정부서에 접수된 민원에 대해 왈가불가하면서 압력을 넣는 일에 집중해야 하는 상황은 결코 아닌 데다 설령 군민들의 절박한 심정을 헤아리고자 무리수를 두어 그렇게 한다고 할지라도 민원이 당장 처리된다는 보장은 없다. 우리 군민들의 민원이니 나름의 관련 기관의 담당 부서나 관계자들에게 전하고 부탁을 하는 것은 일상이지만, 그때그때 시원하게 처리된다는 확답을 할 수 없는 게 현실이다. 민원이 잘 처리됐다는 소식을 들으면 그 과정에서 내가 어떤 역할을 잘했든 못했든 일단 안도의 한숨 먼저 내쉰다. 하지만 처리가 안 되고 있다는 얘기가 반복해서 들려오면 머릿속이 여간 복잡하지 않을 수가 없다. 군민들의 원성이 결국엔 나에게로 쌓이는 것 같은 느낌과 내가 지닌 능력이 부족하다는 자책감을 지울 수 없다.

군민들의 민원일지라도 정말 당황스럽고 얼굴이 저절로 붉어질 때는 다름 아닌 고향이자 현재 사는 매곡면 주민들의 민원을 접할 때 더더욱 그렇다. '등잔 밑이 어둡다'라는 속담처럼 매곡면에 살면서 주변에 거주하는 군민들의 목소리를 듣지 못하고 있다면 그건 아니 될 말이다. 이 마을 저 마을에서 일어나는 일들을 수시로 접하고 또 가는 곳마다 군민들과 얼굴을 마주하게 된다. 모를 리가 있겠는가. 난감한 것은 같은 종류의 민원일지라도 내곡면 일을 우선으로 처리해주지 못한다는 현실이다. 되레 이웃집, 친척, 초등학교 선후배 등등 가까운 고향 사람들이기에 다른 면의 민원에 더 신경을 쓰고 우선으로 관심을 두는 때가 적지 않다. 태어나고 자란 지역이기에 자칫하면 다른 면에 거주하는 군민들에게는 형평성에 어긋난다는 말을 듣기 십상이기 때문이다. 팔이 안으로 굽는 것은 누구나 당연한 일이거늘 인지상정人之常情으로 따져 봐도 참으로 아이러니한 일이 아닐 수 없다.

고향 이웃들로서는 서운하고 섭섭할 터이다. 그러니 나로서는 좌불안석坐不安席이 되는 상황이 적지 않은 것도 사실이다. 어딜 가든 어느 순간에서든 "왜 우리 면곡면이 더 늦어요?"라는 말이 나오지 않을 수 없으니까. 그럴 때마다 "죄송하지만 기다려 주세요. 최선을 다해보겠겠습니다"라는 말로 이해를 구하거나 설득을 하곤 한다.

민의를 대신하다는 것은 칭찬보다는 욕먹을 각오를 해야 하는 일이라는 얘기가 맞다. 그만큼 최선을 다했다고 생각하는데도 불구하고 입장 곤란하기 짝이 없을 때가 수도 없이 많다. 가끔은 '어 그게 아닌데'라는 생각이 들 때도 있다. 군민들이 제기한 민원 해결을 위해 도의회에서 또 도 담당 주무 부서를 통해 나름대로 노력을 기울이고 힘을 썼는데도 불구하고 군민들로서는 군에서 알아서 해결해준 것으로 알고 있는 경우다. 이를테면 예산은 도에서 내려오고 발주는 군에서 실행하기 때문에 군민들은 당연히 군에서 해결해준 것으로 알 수밖에 없다. 하지만 그건 그리 중요하지 않다. 군민들의 애로점이 해결되거나 소망한 대로 이루어졌으면 그것으로 만족스러운 일이기에.

민원은 우리 사회가 건강하게 바르게 발전해가기 위해서는 필요하고 매우 중요한 행정처리 업무임엔 틀림이 없다. 지금의 부족함을, 잘못됨을 지적하고 개선책을 요구하는 일, 지금보다 더 합리적이고 좋은 방향을 제안하는 일 그리고 그것을 모두가 공유하는 것이야말로 우리 도민 모두를 위한 일이기 때문이다.

21세기다. 잘못된 것은 빨리빨리 바로잡아야 하고 개선되고 보완돼야 할 것도 신속히 시정돼야 한다. IT 혁신의 빠른 속도에 비례해 민원처리도 최고 충북이 되길 소망한다.

영농혁신! 가속 페달이 장착됐어요

    영동군민에게는 그야말로 경사가 아닐 수 없다. 충청북도 전체는 물론이고 영동군 농업 분야의 새로운 혁신과 비전을 담보하기에 충분한 프로젝트가 완성되는 해이다. 무려 113년의 역사를 지닌 기관인 충청북도농업기술원의 남부분원이 영동에 들어선다.

    도는 올해 말까지 영동군 용산면에 103억 원을 들여 연구동과 첨단 온실, 농기계 창고 등을 갖춘 농업기술원 분원을 건립한다. 지난 몇 년간 군민 모두가 가슴 졸이며 기원했던 일이 드디어 현실로 이루어지게 되었으니 누군들 기뻐하지 않겠는가. 충북 남부지역의 농업발전에 새로운 이정표가 되기에 충분한 남부분원이 영동으로 온 것은 이시종 충북지사 공약이자 그간 충북 최남단 지역에 위치해 여러모로 소외감이 컸던 영동군민들이 간절히 원했던 일이었다.

    우리 충청북도는 오랜 역사 속에서도 특히 농업에 기반을 두고 성장해온 지방이다. 최근 들어 청주 오창생명과학산업단지를 중심으로 바이오 중심의 산업화가 가속화되고 있긴 하지만 여전히 충북에서 농업이 차지하는 비중은 절대 작지 않다. 2019년 기준 전체 가구 중 농가 인구는 10.1%를 차지하는 7만 735가구, 16만 2천 387명이다. 연간 17만 8천 791톤의 농산물을 생산하고 있다. 전국 8개도 중 면적은 가장 작은 데다 내륙에 위치하며 평야 지대가 아닌 산지인 점을 고려하면 이 같은 농업 현황은 우리 도의 경제력과 가구 소득 유지에 농업이 큰 역할을 해오고 있음을 실감하게 된다. 충청북도농업기술원의 존재와 역할을 주목하지 않을 수 없는 것도 이 때문이다.

농업기술원의 출발은 일찌감치 1909년 5월 충청북도 모범농장으로 창립으로 거슬러 올라간다. 1945년 8월 광복과 함께 '충청북도농사기술원'으로 개칭한 데 이어 1962년엔 '충청북도농촌진흥원'으로 개칭되고 1996년에는 '농산물원종장 진흥원'에 편입됐다. 지금의 '충청북도농업기술원'이라는 이름으로 자리매김한 것은 1998년 9월이다. 긴긴 세월의 흐름 속에서 여러 차례 명칭이 바뀌면서도 도의 농업발전을 이끌어오는 역할을 해 온 기관이다.

농업기술원 남부분원은 당초 사업비 63억 원(국비 10억 원, 도비 53억 원)을 들여 영동군에 2022년까지 청사 신축과 시험시설·장비를 구축하는 계획으로 추진해 왔다. 3년 전 연도별 세부추진계획 중 분원 설립 타당성 조사연구 용역을 마쳤지만, 그간 예산확보와 예정부지 선정에 있어서 도와 군 간의 갈등과 책임 여부가 논란이 되었다. 도는 분원 설립 계획에서 건축비를 부담하고, 예정부지는 해당 지자체에서 무상 제공하는 것으로 기본 방침으로 정했다. 게다가 용산면 주민들은 기존의 ○○중학교 부지에 분원을 유치해달라는 청원까지 했었다. 하지만 군으로서는 수십억 원에 달하는 용지매입이 부담되는 데다 본원 이전이 아닌 분원을 설립하면서 터를 무상으로 요구하는 것은 감당하기 어렵다는 생각을 보여 왔다.

기회란 늘 열려 있는 게 아니다. 인생만이 아니라 지역의 발전도 기회를 잘 포착하여 유용하게 만들어야 장기적인 비전을 내다볼 수 있지 않겠는가. 한동안 답보상태에 놓여있는 분원건립 추진상황을 지켜보는 나로서는 참으로 그저 답답하기만 할 따름이었다. 영동군민의 처지를 대변하는 도의원이지만 도 예산의 칼자루를 쥐고 내 맘대로 흔들 수 있는 것도 아니다. 그렇다고 마냥 지켜보고만 있을 수도 없는 일이었으니까.

싸움은 말리고 흥정은 붙이라고 했던가. 서로 입장이 팽팽하게 맞서는 상황에서는 어느 한 편의 입장만 두둔해서는 자칫 싸움만 크게 벌여놓는 애꿎은 인물이 되기에 십상이다. 내가 택한 것은 도와 군의 리더들이 서로 머리를 맞대고 함께 고민하고 그 속에서 답을 찾는 방식을 유도하는 일이었다. 오지랖이 넓은 성격은 못되어서 이쪽저쪽 넘나드는 일을 잘 하지는 못 하지만 이 일만큼은 나서야 한다는 일념으로 지난해 부지사와 영동부군수가 만날 수 있는 자리를 마련했다. 도에서 영동군에 남부분원 건립을 결정한 일이고 영동군민들로서도 소망하는 일이니 분원건립은 서로를 위해서 우리

도를 위해서 절대 무산되어서는 안 된다는 견해를 피력했다. 또 도의원의 처지에서 볼 때도 차일피일 미루며 시간이 지체해서는 안 되는 일이라는 것을 강력하게 내비쳤다. 결과는 성공이었다. 군수가 남부분원 부지를 군에서 부담하기로 했고 도에서는 어려운 살림살이에서도 과감한 결단을 내린 군의 입장을 헤아려 여타 군 지원의 방법을 여러모로 모색하기로 했다.

수도권 분산과 지역균형발전 정책으로 10여 년 전부터 전국 각 지방으로 정부 관련 기관들이 내려가 자리를 잡아가는 중이다. 농업기술원 남부분원 영동 건립은 도 정부가 정한 일이지만 이 또한 지역의 균형발전에 근거한 일인 만큼 매우 고무적인 일이다. 더욱이 행정 중심의 기관이 아닌 지역 농민들의 현업과 직결된 영농분야의 연구기관인 만큼 손뼉 치며 환영할만한 일이다. 한마디로 현실성이 돋보이는 사례다.

충청북도 농업기술원은 건강식 소비관점에서 농산물 생산·경영 기술을 완성하고 융·복합기술 활용 미래 원예기술 선도와 환경 친화기술 도약을 위한 신 가치창출을 일궈내는 기관을 지향하고 있다. 농업인이 함께하는 지역특화작목을 육성하는 한편 미래농업을 선도할 인재육성 및 지도기반을 조성하고 농촌자원 가치창출로 활기찬 농촌 생활을 실현한다는 입장이다. 이처럼 현실성 있는 실무를 추진하고 진행하는 연구기관이 영동지역 농민들과 한 발 더 가까이에서 역량을 발휘하게 된다는 것은 곧 영동의 영농발전과 혁신에 속도를 내줄 페달이 될 것이라는 기대한다.

　상근 인원이 많은 기관은 아니다. 남부분원 건립으로 인한 새로운 인구 유입이나 소비확대와는 거리가 멀다. 하지만 농민들에게는 새롭게 개발된 품종의 시험재배 현장만을 들여다보더라도 멀리 가지 않고 가까이에서 최신 영농정보 확보가 가능한 일인 데다 영농과정에서의 궁금증이나 해법을 찾는 일 또한 한결 신속하게 이루어질 것이다. 우리 영동이 영농의 새로운 메카로 자리매김 될 수 있다는 희망을 품어본다.

면적 대비가 맞나? 인구수 대비가 맞나?

'거꾸로 가는 내일이다'라는 비난을 받을만한 일이 일어나고 있다. 국회가 정한 공직선거법 개정안이 그렇다.

인구감소 현상으로 인해 농촌 지역 소멸화가 국가적인 문제가 되는 상황이다. 어떻게 해서라도 농촌 지역을 살려야 하는 처지에 있다. 농촌 지역사회를 위해 더 많은 인재와 활동가들이 나타나 힘을 합해도 시원찮을 상황이건만 정부의 제도는 그 반대이다.

지난 2018년 6월 28일 헌법재판소가 광역의원 선거의 인구 편차 허용기준을 기존의 4대 1(편차 60%)에서 3대 1(40%)로 변경하여 2021년 12월 31일까지 공직선거법을 개정해 적용하라고 판결했다. 이대로라면 2022년 6월 예정된 민선 8기 지방선거부터 적용되어 충북 영동군과 옥천군을 비롯한 전국 14개 자치단체의 광역의원 수가 2명에서 1명으로 줄어들게 된다. 우리 도의 영동·옥천을 비롯해 강원 영월·정선·평창, 충남 금산·서천, 경북 성주·울진·청도, 경남 거창·고성·창녕·함안 등이 그 대상 지역이다.

나는 물론이고 해당 지역 도의원 당사자들로서는 받아들이기 어려운 그야말로 어이없는 일이다. 군민들 또한 이런 개정안에 대해 찬성을 할 리 만무하다. 이는 비단 도의원 당사자들의 밥그릇 걱정이 아니라는 것을 군민들이 더 잘 아는 상황이니 조속한 시일 내에 개선책이나 대안이 마련돼야 하는 절박한 상황이다.

급기야 자치단체장들이 바쁜 시간을 쪼개 여의도 국회를 방문하는 사태가 벌어졌다. 올 초 1월 전국 14개 자치단체장은 국회를 방문해 정치개혁특별위원회 김태년 위원장에게 광역의원 선거구 획정 공동 건의문과 주민 서명부를 전달했다. 박세복 영동군수와 김재종 옥천군수도 동참했다. 자치단체장 일동은 농어촌의 지역성을 고려하지 않은 인구수 기준 선거구 획정을 규탄하면서 면적 등을 고려해 지역 대표성이 반영된 선거구를 획정해 줄 것과 공직선거법상 농어촌 지역 특례조항을 신설해야 한다는 주장을 밝혔다.

지역균형발전을 고려할 때 해당 지역만의 화두가 될 수는 없는 일이다. 그러니 균형발전 국민 포럼도 해당 지자체의 주장과 요구를 적극 지지하고 나섰다. 헌재가 대한민국이 처한 현실과 시대정신 및 미래가치를 철저히 무시한 채 단순히 인구중심의 표의 등가성만을 따져 판결한 것이라고 강력히 비판했다. 균형발전 국민 포럼은 성명을 내고 '국가균형발전 및 지방소멸, 기후 및 생물 다양성 위기, 농어업 및 식량 주권 위기 등의 문제를 해결하고 정치적으로 소외되지 않도록 합리적 대안을 신속히 마련할 것을 강력히 촉구한다'라는 견해를 밝히면서 국회 정치개혁특별위원회에 현행 광역의원 수 유지를 위한 합리적 대안을 신속히 마련하라고 촉구했다.

광역의원 선거의 인구 편차 허용기준을 기존의 4대1에서 3 대 1로 변경하는 것은 오늘의 농촌 지역 현실을 전혀 모르는 탁상공론의 결정이다. 앞으로 다양한 문제점을 양산할 수밖에 없는 어정쩡한 판단이 아닐 수 없다. 수도권 인구는 갈수록 늘어나면서 이제는 인구의 절반이 집중하여 포화상태에 이르렀지만, 전국의 농촌 지역은 인구감소 위기에 직면해있다. 기후변화와 환경문제로 인한 식량주권이 화두가 되는 시점에서 도시는 살리고 농촌은 죽어도 어쩔 수 없다는 논리가 아니고 무엇이겠는가? 오죽하면 지자체장들이 도의원 축소는 농촌 지역의 예산도 줄어든다는 우려의 목소리를 내는 지경에 이르렀을까.

지금 우리 정부는 어떻게 하면 지방 인구소멸을 막고 농촌의 영농화와 인구증가를 유도할 수 있을까에 대해 밤낮없이 그 해법을 찾는 고민을 해도 부족한 마당이다. 농촌이 사라지면 농산물의 수요는 어떻게 감당할 것인가? 이미 김치, 고춧가루, 마늘, 참깨 같은 국민 밥상의 식재료들을 중국에서 수입해오면서 수시로 식품안전성과 수요공급문제에 부딪히는 상황을 겪고 있지 않은가. 10년 후 30년 후 쌀을 비롯한 곡물과 과일 채소를 다 수입하여 소비할 작정인가.

도의원의 수를 줄이는 것은 또 다른 문제를 불러올게 불을 보듯

뻔하다. 농촌 가구는 도시처럼 밀집돼 있지 않고 곳곳에 분산된 상태이다. 의원 수 줄인다고 해서 기존의 지역 면적이 축소되는 것은 아니다. 현재로서도 도의원 2명이 1개 읍 10여 개 면을 일일이 발에 땀 나도록 움직여야만 민생현장을 살피고 민의를 모으는 상황에서 이 넓은 지역을 혼자서 한다는 것은 시쳇말로 도의원에게 홍길동의 역할을 원하는 것이 아니고 그 무엇이겠는가.

지방소멸을 막고 국가균형발전을 이뤄나갈 수 있도록 면적과 지역 대표성 등을 반영해 광역의원 정수를 보장해주는 것은 당연한 일이고 매우 중대한 사안이다. 더 많은 인재가 오늘의 농촌 현실은 더 세세하게 들여다보고 고민하여 농촌부흥을 이끌어가게 유도하지는 못할지언정 도의원 수를 줄인다는 것이 말이 되는 일인가.

2021년 9월 제393회 임시회 1차 본회의에서 5분 자유발언을 통해 인구 편차 허용기준에 따른 도의원 수에 대한 문제점을 거론했다. 헌법재판소의 결정대로 인구 기준을 통해 선거구가 획정되면 지역소멸 위기가 도래한 충북 북부·남부권 지역은 앞으로 더욱 심각한 위기가 찾아올 가능성이 크다는 것을 의견을 밝혔다. 인구수만을 기준으로 선거구를 획정할 것이 아니라 행정구역, 지형, 교통, 생활권역, 역사적 가치와 문화 등 비인구적 요소를 고려해 획정하는 것이 지금의 정치시스템에 부합되므로 도내 균형발전 정책이 효과적으로 뿌리내리기 위해 반드시 이 같은 현실이 반영돼야 한다고 주문했다.

나는 해당 지역 도의원의 한 사람이다. 국회 정치개혁특위에 바람이 아니라 다시 한번 강력하게 요구한다. 그리고 당부한다. 도의원 수는 현행대로 보장해주는 것이 지극히 당연하며, 더 나아가서는 농촌과 농민의 미래를 지켜주겠다는 약속을 하는 일임을.

풀뿌리 민주주의 30년

"최선은 다했지만, 최대의 결과에는 못 미쳤는데….
앞으로 해야 할 일이 더 많은 데…."

자축하며 터트린 샴페인은 아니었지만 그래도 왠지 부담스럽게 느껴졌다. 물론 한편으로는 기뻤던 것도 사실이다. 그리고 보니 유치원 다니는 아이들도 머리에 서리 내려앉는 노년에도 수상의 기쁨은 같은 것 같다. 속일 수 없는 즐겁고 행복한 감정을 어찌하겠는가.

지난해 7월 생각지도 못했던 전화를 받고 적잖게 가슴이 두근거렸다. 우수 의정 대상 수상자가 됐다는 연락을 받았다. 우리 도의원 수상자 4명 중 한 명이었다. 상은 어떤 상이든 잘했기에 받는 것이고 받으면 기쁘고 기분 좋은 일이다. 특히 이 상은 나름 큰 의미가 있다는 생각에 더욱 그랬다. 풀뿌리 민주주의를 슬로건으로 내세우며 출발한 지방자치제가 30주년을 맞이한 해였다는 점에서다. 게다가 자칫 나눠 먹기 식이 될 수도 있는 도내 자체 상이 아니고 객관성을 신뢰할 수 있는 대한민국시도의회의장협의회 주최로 평가한 후 받은 상이었다는 점에서 그렇다.

　지방자치제는 국가의 주인은 국민이고 '국가와 그 권력은 국민으로부터 나온다'는 민주주의의 가장 근본적인 원리에서 출발한 제도다. 우리나라 지방자치제는 일찌감치 1949년 지방자치법이 제정된 이후 1952년 시·읍·면 의회의원 선거와 시·도 의회의원 선거를 실시함으로써 시행되었다. 하지만 1961년 이후 30여 년간 지자체는 멈춤의 시간이었다. 1991년 시도 의회 의원 선거가 시작되면서 지자체의 부활을 다시 알렸다.

　10년이면 강산도 변한다고 하지만 정치 분야에서 어떤 시스템이 굳건히 뿌리를 내리기까지는 많은 시간이 필요하다. 유럽의 공화정은 그 역사가 아주 먼 로마시대로 거슬러 올라간다. 그러나 실제 국가의 주권이 국민에게서 나오는 현대의 공화정은 17세기에서 18세기에 이르는 세계사적 격변기를 거치면서 이루어졌다. 우리의 정치사도 다양한 아픔과 변화를 거치면서 비교적 단기간에 민주화를 위한 초석을 다져왔으며 국민이 선택한 대표가 지역을 대표하여 지방의 의결에 참여한 것은 아주 오랜 역사는 아닌 게 사실이다. 다만 30여 년이라는 시간 동안 해를 거듭하며 보다 체계적으로 발전하고 그 속에서 지방 정치인들의 열정과 역량이 일궈낸 결과물들이 하나둘씩 가시화되면서 국민의 신뢰 또한 쌓여가고 있는 시기인 셈이다.

　도정 활동에 참여한 지 8년여에 가까운 시간이 흘러갔다. 나는 그간 무엇을 했는가? 라는 질문을 스스로 내게 던졌을 때 당당히 '70점이다' '90점이다'라는 말을 할 수는 없을 것 같다. 정치인으로서의 박우양에 대한 평가는 나 자신이 하는 게 아니고 우리 영동군민을 비롯한 도민들에게 그 권한이 있으니까. 그래서 늘 최선을 다하겠다는 마음만 가득할 뿐 언감생심 '내가 이 만큼 하면 잘 한 거 아닙니까?'라는 표현이나 말을 할 수 없는 처지이다.

다만 지난 시간을 돌이켜볼 때 "그래 너 박우양은 잘했어'라는 말을 들을 수 있는 점을 꼽는다면 그래도 몇 가지는 있지 않을까 싶다. 의정활동을 하면서 가장 열정을 기울인 것은 현실적으로 도민들의 피부에 와 닿는 조례를 발의해왔다는 점인 것 같다. 일일이 열거할 수 없을 만큼 다양한 조례를 발의했다. 의결되어 도와 군의 발전과 성장에 도움이 되는 것들이 적지 않겠지만 무엇보다도 보람을 느끼는 것은 도민들 군민들의 현실 속에서 직접 체감하고 공감한 것이었다는 것에 자부심이 생긴다. 또 도의원이지만 정부를 향해 목소리를 내야 하는 부분에서 과감하게 대정부질문을 감행하는 데 적극적으로 나섰고, 의회 기간에 수시로 내놓은 5분 발언 또한 현실감 있는 논제들을 당당하게 화두로 던졌다는 것에 부끄러움이 없다. 아마로 이런 노력이 '우수의정대상'을 수상하는 결과로 이어진 것이 아닐까 싶다.

의정활동은 단지 목소리를 크게 낸다고 해서, 행사장 돌아다니며 얼굴 비추는 일로 도민 군민을 많이 만난다고 해서 그 성과를 낼 수는 없다. 이름 석 자를 알리는 방법은 많겠지만 진정으로 지역사회의 파수꾼이 되겠다고 자청하고 나선 사람이라면 주권의 주인인 군민들의 삶의 현장에서 듣고 보고 느끼고 깨달으면서 자신의 역할론을 충실히 이행해야 한다는 게 나의 소신이다.

THE Third
정치꾼(?) 아니 도정道政 파수꾼의 길

정치인은 자신에게 먼저 더 엄격한 도덕적 잣대를 들이대야 한다. 도의원은 단지 배지를 달고 여기저기 기웃거리는 유명 인사가 아니라 도민과 군민의 파수꾼으로 걷고 또 뛰어야 한다는 소신으로 달려왔다. 영농혁신 페달을 돌리고, 청년을 불러오고, 관광객이 찾아오게 하는 영동 만들기는 현재진행형이다. 미래의 영동을 위해 지금까지 걸어온 시간처럼 앞으로도 내게 주어진 길을 꿋꿋하게 희망차게 걸어가리라.

방사광 가속기 전경

모럴해저드 moral hazard, 더 엄격한 잣대로

동서양을 막론하고 사람들의 마음은 매한가지다. 나고 자란 곳이 다르고 민족성이 다르므로 각자의 풍습이나 문화는 다를지 몰라도 이것만은 역사나 지역 민족에 국한되지 않는다. 삶의 가치와 인생의 정도正道에 대한 기준이나 평가가 그렇다. 어느 국가나 사회든 추구하는 방향이 같기 때문이다. 특히 국민이 정치인, 자본가, 학자, 고위층 등 사회지도층을 바라보는 시각이나 이들에게 기대하는 바를 보면 어떤 것이 가치 있는 삶이고 바른 삶을 걸어가기 위해 무엇을 해야 하는지를 느끼게 된다.

일찍이 유럽 사회에서 강조되어온 사회적 지위에 상응하는 도덕적 의무를 실천하라는 용어 '노블레스 오블리주 noblesse oblige'. 초기 로마 시대에 왕과 귀족들이 보여 준 투철한 도덕의식과 솔선수범하는 공공정신에서 비롯된 이 말은 21세기인 지금도 지구촌 곳곳에서 지도층 인사들에게 삶의 철학이나 다름없는 메시지로 통용된다. 우리 선조들이 남긴 실천 철학 또한 이 못지않게 소중한 정신적 유산으로 남아있다. 그 중 대표적인 예를 하나 꼽는다면 다산 정약

용의 '목민심서'에 나오는 구절이 아닐까 싶다. "청렴이야말로 가장 크게 남는 장사다. 그런 까닭에 욕망이 큰 사람은 반드시 청렴하게 산다", "청렴은 목민관의 기본 임무로, 모든 선의 근원이고 모든 덕의 근원"이라고 전한다. 공직자의 자세를 빗댄 역설적인 명언이다. 이를테면 어리석은 사람은 작은 욕심을 채우려 탐관오리가 되지만 지혜로운 사람은 더 큰 욕망을 지속해서 이루기 위해서 청백리가 된다는 얘기다.

6년 전 한 매체에 청렴을 주제로 한 칼럼을 쓴 적이 있었다.

"2016년 국제투명성기구에서 발표된 부패 인식지수Corruption Perceptions Index·CPI에서 대한민국이 전 세계 167개국 중 37위를 차지했다는 발표가 이를 바로 보여주는 예다. 외국 역사를 비추어도 로마제국의 멸망, 프랑스 혁명과 러시아 10월 혁명은 부패가 원인이었고, 500년 역사를 자랑하는 조선왕조의 멸망도 삼정의 문란이 하나의 요인이었다. …."

빠른 속도로 IT, 반도체를 앞세운 우리의 경제성장은 해가 다르게 성장의 일로에 서 있다. 우리의 경제력은 세계 10위에 달하고 이미 선진국으로 공식 인정받았다. 그렇다면 지금 우리나라의 부패인식지수는 달라졌을까? 조사대상국 180국 중 2018년 45위에 이어 2020년에는 33위를 기록한 것으로 나타났다. 순위가 올라가긴 했지만, 경제 규모 순위에는 한참 못 미치는 수준이다. 국회의원을 비롯한 정치인들과 고위공직자 그리고 기업인들의 청렴과 노블레스 오블리주는 여전히 창피한 수준이다.

우리 충청북도의회 도는 '충청북도의회 의원 행동강령 조례'를 2014년 12월 26일 제정해 시행하고 있다. 21세기 지방자치의 한 축인 지방의회가 민주주의의 가치와 의미를 올바로 구현해 갈 수 있도록 구성원인 지방의회 의원 스스로가 갖춰야 할 책임과 역할을 명문화한 것이다. 구체적으로 지방의회 의원이 지켜야 할 15개의 행위 기준과 행동강령 운영에 관한 사항 등을 포함하여 33개 조문으로 의원의 공정한 직무수행에 관한 사항, 의원의 부당이득 수수 금지 등에 관한 사항, 건전한 도의회 풍토 조성에 관한 사항, 행동강령 위반 시 조치사항 등이 포함돼 있다. 주민 대표로서 의원이 갖는 직무상·신분상 특수성을 고려하여 충청북도의회에서는 도의원이 더욱 청렴하고 공정하게 직무를 수행할 수 있도록 하는 제도적 장치로서 행동강령을 폭넓은 논의와 의견수렴 과정을 통해 제정한 것은 잘한 일이다.

도의원 8년 차를 지나고 있다. 지나온 시간을 되돌이켜 볼 때 도의원으로서 청렴도에 관한 한 부끄러워 울만 한 일은 하지 않았다는 생각이다. 사람의 욕심과 욕망은 스스로 조절하고 관리하지 않으면 어느 한순간 자신도 모르는 사이에 돌이킬 수 없는 후회로 남는 일을 만들 수도 있다. 말 한마디 행동 하나하나가 조심스럽고 신중히 처리하지 않으면 안 되는 만큼 정도를 걸어가는 데 흔들림이 없도록 하려는 노력을 기울이게 된다. 아니 나 자신에게 더 엄격한 도덕의 잣대를 들이대야 한다는 데 변함이 없다.

명심보감 성심 편을 보면, '관리가 청렴하면 국민이 저절로 편안해진다'라고 하였고, 톨스토이는 '욕심이 적으면 적을수록 인생은 행복하다. 이 말은 낡았지만 결코 모든 사람이 다 안다고는 할 수 없다'라고 했다. 그리고 옥중에서 안중근 의사가 남긴 유묵 중에 '견리사의 견위수명見利思義見危授命'라는 가르침이 있다.

눈앞의 사사로운 이익을 보더라도 먼저 옳은 일인지 아닌지를 살필 수 있는 '견리사의'의 뜻을 다시 한번 되새기는 시간이다. 지방자치를 선도하는 정치인의 한 사람이자 젊은 세대들의 거울이 되어야 하는 사회의 어른 위치에 서 있다. 부패가 청산된 아름다운 대한민국에서 우리 아이들이 맘 편히 뛰어놀며 행복하게 웃을 수 있는 청렴한 세상을 떠올려 본다.

진인사대천명盡人事待天命도 이것이 먼저

"개천에서 용 났어."

지금의 기성세대들이 젊은 시절만 해도 종종 여기저기서 들리곤 했다. 출신은 가난한 집안이지만 공부든 사업이든 열심히 노력한 결과 훌륭한 인물로 다시 태어났다는 말로 누구든 자기 하기 나름이며 성공 또한 개인의 의지와 땀에 달려있다는 것이다. 실제로 수많은 기업인, 학자, 정치인들이 그렇게 자신의 삶을 개척한 실례가 많았다.

언제부터인가 이 속담도 우리 사회에서는 '이제는 옛말'이라는 아기가 공공연하게 나오고 있다. 공부도 사업도 출세도 경제적으로 환경적으로 기본이 갖춰져야만 성공이 가능한 세상이 되었다는 얘기다. 과연 그럴까? 아니 우리의 삶이 그렇게 '돈 돈 돈' 하고 외치는 세상의 급류에 무작정 휩쓸려가도 되는 걸까?

세상이 변한 건 사실이다. 변해버린 세상 흐름이 씁쓸하기도 하고 안타까운 게 사실이지만 그렇다고 해서 지금 눈으로 드러나는 우리 사회의 트랜드가 종국적으로 우리가 지향해야 할 삶의 방향은 아니다. 다시 말하면 모든 것이 갖춰진 상황에서 출발한 사람만이 자신의 꿈과 목표를 달성할 수 있다는 것에 나는 동의하지 않는다. 부모의 경제력으로 인해 한 사람의 성장 행로가 조금 수월할 수는 있겠지만 미리 갖춰진 여건과 능력만으로 성공은 물론이고 존경까지 받는 인물이 될 수는 없다. '이제는 개천에서 용 나지 않는다'는 말은 어쩌면 우리 사회가 급성장하는 경제 환경에서 파생시킨 하나의 기류일 뿐 이는 대한민국의 미래일 수가 없고 그렇게 되어서도 안 된다는 생각을 하게 된다.

우리나라 산업화의 역사가 서구는 물론이고 가까운 이웃 나라 일본에 비해서도 몇백 년 이상 뒤처진 게 사실이다. 그럼에도 불구하고 반세기 만에 빠르게 일궈낸 우리의 산업화와 경제성장은 가히 놀라웠다. 안타까운 것은 그 과정에서 우리가 놓치고 잃은 것들도 많다는 것이다. 대표적인 것을 꼽는다면 인문학적 소양에 바탕을 둔 가치철학과 공정이 아닐까 싶다. 특히 요즘 젊은 세대들이 부르짖는 공정에 관한 한 기성세대인 나 또한 공감하고 또 이런 변화가 필요하다는 입장이다.

불과 20여 년 전만 해도 기업인이나 정치인을 바라보는 우리의 시선은 대상이 되는 당사자에게만 초점이 맞춰졌다. 그것은 바로 진인사대천명盡人事待天命을 신뢰하고 따르는 문화가 전제되었기 때문이 아닐까 싶다. '진인사대천명'. 이 고사성어는 나 역시 좌우명처럼 여기면서 살아왔다. 사람으로서 할 수 있는 최선을 다한 후에는 오직 하늘의 뜻을 기다린다는 뜻처럼 내가 처한 환경이 좋고 나쁨을 탓하기보다는 내가 할 수 있는 노력을 다한 후 그 결과는 운명에 따른다는 식이었다. 비단 나뿐만이 아니라 동시대를 함께 살아온 많은 한국인이 그러했을 터이다. 이런 연유에서 우리는 정치 경제 사회 발전의 지도자가 된 그들에게 무한 감사와 존경의 메시지를 보내왔다.

21세기의 한국 사회는 변화가 일렁이고 있다. 이제는 경제나 정치의 혁신과 혁명보다도 더 중요한 가치가 다름 아닌 저마다 각자의 삶에서 얼마나 공정公正했는가이다. 공평하고 올바름에 대한 추구다. 사회를 이끌어가는 리더에 대한 인식과 평가에 있어서 세상의 잣대가 과거와는 다르게 엄격해지고 있다는 사실이다. 당사자의 노력과 열정 그리고 성공을 인정한다고 할지라도 당사자는 물론이고 그 가족을 비롯한 주변 인물들이 사회와 직장에서 과연 공정한 순서를 밟아 왔는가? 도덕적으로 흠집은 없는가? 에 냉정한 시선이 현미경으로 투시하듯 향한다.

승승장구하는 기업인도, 장래가 촉망되는 유력 정치인도 추락하는 것은 한순간이다. IT의 발전만큼이나 정보의 속도는 빨라졌고 우리 모두의 일상이 투명해져 가고 있다. 치부를 손으로 가린다고 해서 가려지지 않는다. 배우자나 자식과 관련된 병역, 마약, 도박,

성의 일탈, 투기, 학력 및 경력 위조 등등 어느 한 부분이라도 세상에 드러나는 순간 그 파급효과는 상상을 초월한다. 기업의 주식은 곤두박질치고 시민사회의 발 빠르고 매서운 공론화와 법의 칼날이 움직인다. 정치인은 더 큰 뜻을 접어야 하고 멀리 조아려 가면서 백배사죄해야 한다. 그렇게 한다 하더라도 본인의 명예는 이미 실추되고 주변의 파장은 쉽게 잡히지 가라앉지 않는다. 그러니 진인사대천명 못지않게 중요하고 병행돼야 하는 게 바로 '수신제가 치국평천하修身齊家 治國平天下'인 것이다.

사서삼경四書三經 가운데 하나인 〈대학〉에 나오는 이 고사성어 또한 진인사대천명만큼이나 과거 오랜 시절부터 한국인의 삶에서는 교훈적인 메시지로 전해져왔다. 유교에서 강조하는 올바른 선비의 길로 먼저 자기 몸을 바르게 가다듬은 후 가정을 돌보고, 그 후 나라를 다스리며, 그런 다음 천하를 경영해야 한다는 의미다. 내 집안 내 가족도 제대로 다스리지 못하고 챙기지 못하는 사람이 어찌 나라를 이끌며 서민을 감싸 안으며 좋은 세상을 만들 수 있겠냐는 말이다. 가족은 물론이고 당장 함께 일하는 직원들의 근무여건도 제대로 챙기지 못하는 사람이 어찌 기업을 제대로 성장시킬 수 있느냐는 얘기다.

진인사대천명도 실천하기 어렵지만, 수신제가 치국평천하는 더더욱 말처럼 쉬운 일이 결코 아니다. 아무리 자기 자신을 잘 관리하고 정도를 걷더라도 가족과 그 주변 사람들이 그에 부합하지 않으면 안 되기 때문이다. 도의원의 길을 걸어오면서 나 또한 이 고사성어에서 벗어날 수 없는 사람임을 되새기곤 했다. 국민의 삶, 도민의 삶을 위한 봉사를 자청한 사람으로서 나 자신부터 내 가족부터 공정이란 잣대에 어긋남이 없어야 한다. 이런 모범적인 삶을 살아야 한다는 것이 때로는 부담스러운 짐처럼 느껴질 때도 있지만 나 개인은 물론이고 국가의 미래를 위해서는 더욱 엄격한 공정의 잣대가 사회지도층에게 적용된다는 데 찬성하고 또 찬성한다. 한편으로 이런 변화가 우리에게 찾아온 것은 매우 잘된 일이 아니겠는가,

마쓰시다 정경숙政經塾이 전하는 메시지

'우리는 지금 무엇을 걱정해야 하는가?'

이런 질문에 한국인들은 무엇을 거론할까? 기후변화나 환경에 관한 관심은 전 세계인의 공통점일 터이고 주택과 교육은 한국 사회가 쉽게 풀지 못하고 있는 고질적인 문제다. 이런 현실에서 시선을 돌려 한국인들이 공통으로 꼽을 수 있는 또 다른 고민거리 중 하나는 '정치' 아닐까 싶다.

최근 대선을 앞두고 정치와 정치인에 대한 국민의 한숨 소리가 더욱 커져 있긴 하지만 대선이 끝난다고 할지라도 이 문제만큼은 하루아침에 해결되기 힘들 거라는 것에 국민은 물론이고 정치인인 나 또한 동의한다. 여기엔 우리의 정치 수준이 경제나 문화와 비교하면 한참 뒤처져 있다는 사실을 인정할 수밖에 없기 때문이다. 정치계에 깊이 뿌리 박혀 있는 고질적인 병폐들이 그것이리라.

대한민국은 지금 경제 강국으로 거듭나고 있다. 지난해 우리나라 수출과 무역 규모는 코로나19 악재 속에서도 나란히 66년 무역 역사상 최대치를 달성했다고 한다. 무역 규모는 1조 2596억 달러로 무역 강국 8위로 도약했고 연간 총수출은 6천 445억 4천만 달러로 전년 대비 25.8% 증가했다. 반도체, 석유화학, 자동차 등 전통적인 주요 품목만이 아니라 화장품, 농수산식품 등 신 유망품목에 이르기까지 수출이 고르게 성장한 결과다. 무엇보다도 전 세계에서 무역액이 1조 달러를 넘은 나라는 우리나라를 포함해 중국, 미국, 독일 등 10개국이며 이 중에서도 수출이 수입보다 더 많아 무역흑자를 낸 나라는 한국, 중국, 독일, 네덜란드 등 4개국에 불과한데 그중 하나니 가히 놀라운 경제력이다.

경제는 갈수록 글로벌시장에서 신기록을 세우는 중인데 정치는 어떠한가? 지난해 11월 한국정책과학원의 의뢰로 만18세 이상 국민 500명을 대상으로 리얼미터가 실시한 '현재 한국의 정치 수준'에 관해 물은 결과는 바로 우리 정치의 민낯을 그대로 보여줬다. 우리의 정치 수준이 '3류 수준'이라는 응답이 41.0%로 가장 높았다고 한다. 전체 응답자의 63%가 한국의 정치 수준을 3류나 4류 수준으로 보고 있는 것으로 나타났다. 한 나라의 정치수준은 그것을 움직이는 정치인들의 몫이 절대적일 수밖에 없다. 이 조사에서 우리나라를 이끌 지도자가 갖춰야 할 자질로는 '도덕성'(29.8%)과 '미래비전'(29.7%)이 가장 많이 꼽혔고, 다음으로 국민통합(21.1%), 역사의식(9.0%), 설득력(1.6%) 순으로 밝혀졌다. 역으로 생각하면 그간 우리나라를 이끌어온 정치인들의 도덕성과 미래비전이 부족했고 국민

통합의 의지 또한 미약했다는 것을 보여준다. 정치인의 한사람으로서 그저 부끄럽기만 할 따름이다.

10여 년 전부터 정치에 참여하면서 한국 정치 현주소를 누구보다도 잘 읽게 된 나로서는 늘 떠오르는 이름이 있다. 정치인을 비롯해 각계 인재를 배출하는 인재 요람으로 알려진 일본의 '마쓰시타정경숙'이다. 일본어로 '마쓰시타 세이케이 주쿠松下政経塾, The Matsushita Institute of Government and Management'로 불리는 이곳은 파나소닉 그룹의 창립자인 마쓰시타 고노스케가 설립한 정치학교이다. 1979년 마쓰시타 전기산업(지금의 파나소닉)의 창업자인 마쓰시타 고노스케에 의해 설립된 이 학교는 국회의원, 지방자치단체장, 지방의원 등의 정치인을 비롯해 경영자, 대학교원, 언론관계자 등 각계에 다수의 인재를 배출하고 있다.

설립자가 이상적인 사회를 실현하는 것을 목표로 하는 인재 양성을 위해 70억 엔을 들여 만든 이곳은 22세부터 35세 이하의 청년 중 선발시험에 합격한 사람만이 입학이 허용되며 입학 후에는 교내 기숙사에서 함께 생활한다. 4년에 걸쳐 연수, 실천 활동을 실행하게 되며 재적 중에는 매월 20만 엔의 연수자금이 지급되고, 각자의 활동계획에 기초하여 활동자금도 별도 지급된다. 커리큘럼은 정치학, 경제학, 재정학 같은 전문적인 것에서부터, 다도茶道, 서도書道(서예), 좌선(참선), 이세진구(伊勢神宮, 일본황실의 종묘) 참배 등 일본의 전통에 대한 교육과 더불어 자위대 체험 입대, 무도, 매일 아침

3킬로미터의 조깅, 100킬로미터 보행훈련 등 폭넓게 준비되어 있다. 졸업생의 대부분이 사상적으로는 민족주의와 공동체주의를, 경제적으로는 국가자본주의나 실용적인 사회자유주의적 정책을 지향하는 경향과 행정 개혁, 지방분권 추진의 자세에는 공통점이 있지만, 재학 중 특정 정치사상이나 입장에서 교육한다든지 특정 사상을 배제하는 것은 아니라고 한다. 무엇보다도 이 학교 졸업생의 43%가 정치의 길을 걷고 있다는 것이다.

일본의 현 정치 수준만을 놓고 볼 때 파벌이 심한 것은 우리와 별반 다를 없다는 점을 비롯해 도덕성이나 미래비전에서도 우리 정치인들보다 그다지 뛰어나다고 말할 순 없다. 그런데도 마쓰시타정경숙이 거론하게 되는 것은 한 나라의 미래를 위해 기업인들이 거금을 사회에 환원하고 그것이 다음 세대들을 위해 쓰인다는 점이며 또 다른 한 가지는 이런 교육시스템과 훈련을 거쳐 정치계에 입문하는 정치인들이 늘어날수록 정치에 희망을 걸 수 있다는 점에서다.

우리의 현실은 어떠한가? 젊은 나이에 청년 정신을 앞세워 나름 올바른 정치 철학과 대의를 품고 정치계에 입문한다고 할지라도 연륜이나 파벌에 흔들리면서 제자리를 찾기 힘들어지고 정치 연륜이 좀 있다는 이들의 이름이 주목받는 순간 기다렸다는 듯이 주식시장에서 먼저 '00주, 00주가 상승세'라는 말이 터져 나온다. 이뿐만인가. 대선 후보, 국회의원 후보가 되는 순간 곧장 본인 또는 배우자, 자식과 관련된 불편한 소문들이 터져 나오고 아니 땐 굴뚝에 연기

날 리 없다는 속담을 증명이라도 해주듯이 하나둘씩 후보자 자질 검증의 중요한 문제로 불거져 나온다.

자고로 정치인이 되고자 한다면 먼저 충분히 공부하고 자신과 가족을 비롯한 주변 먼저 바로 세우는 일이 우선돼야 한다. 과거 그릇된 선배 정치인들이 보여준 기업과 보이지 않는 연결고리, 그로 인한 부정과 불법의 공존공생 관계를 만드는 일로부터 멀어져야 한다. 정치준비생은 권력과 명예 그리고 부를 위한 정치의 길을 걸어서는 안 되며 기업은 우리 국가와 사회가 내실 성장을 할 수 있도록 투명하게 공익을 위한 사회환원에 관심을 가져야 하지 않겠는가.

뒤늦게 정치의 길을 들어선 나로서는 나의 길보다도 더 깊은 생각을 하게 되는 것이 바로 미래 이 나라의 정치를 이끌어갈 세대들에 대한 바람과 기대이다. 비록 오랜 경력의 정치인은 아닐지라도 내가 정치인으로서 남는 날까지 나는 후배들을 위해 무엇을 보여주고 무엇을 남겨놓을 것인지 고민이 깊어지는 시간이다.

우리가 배워야 하는 것들

2001년 9월 '9.11 테러'가 있었던 당시 나는 미국 워싱턴에 있었다. 바로 그 날 집 가까운 곳 병원 입구로부터 사람들이 줄을 서서 기다리고 있고 그 끝이 보이지 않았다. 무슨 일인지 영문을 몰라 어리둥절했는데 나중에서야 헌혈하기 위해 순서를 기다리는 사람들이라는 것을 알았다. 무척 인상적이고 감동적이었다.

– 나의 일기장에서

약 5년 동안 미국 생활을 했다. 현지의 문화와 사회시스템을 자연스럽게 접하고 들여다보면서 미국이 세계 최대 강국으로서의 자리를 지탱하는 원동력은 바로 이런 것이었구나 하는 몇 가지 핵심 가치를 가슴 깊이 느낄 수 있었다. 그중 하나가 바로 자원봉사였다. '미국을 움직이는 위대한 힘은 자원봉사로부터 나온다'라고 말할 정도로 미국 내에서의 그 힘은 막강하다. 한 통계자료에 의하면 미국 21세 이상의 성인 중 44%가 공식기관에서 봉사활동을 하며 이들 정식 자원봉사자 중 69%는 더 자주 정기적으로 봉사활동을 한다고 한다. 공식기관을 통해 일한 자원봉사자들의 봉사시간은 한 달 평균 24시간을 조금 넘고 연간 약 8천 4백만여 명이 정기적으로 약 155억 시간을 봉사한다는 것이다. 공식적인 자원봉사 노동력은 9백만 명 이상의 정규직 피고용자와 동등한 가치로 돈으로 환산하면 무려 2천 4백억 달러가 된다고 한다.

미국인들의 자원봉사는 한국과는 달리 각 분야의 전문가들이 대거 참여하고 있다는 점을 눈여겨볼 만하다. 대학교수, 엔지니어, MBA 등 전문적인 직업을 가진 사람들이 봉사활동에 많이 참여하기 때문에 노력 봉사나 일회성 봉사활동이 아닌 실제 업무나 사업에서 큰 성과를 낳는다. 일례로 전공이 컴퓨터인 어떤 자원봉사자는 자녀들이 다니는 학교의 전산망 확충을 위해, 사적인 후원회 행사를 통해 기금을 모금하고, 직접 컴퓨터 판매회사와 협상을 해서 싼값에 컴퓨터들을 사고 난 후, 자기 직장 일과 함께 학교 전산망 확충에 매달렸다. 그리고 6개월 후엔 학교에 거의 대기업 수준에 달하는 컴퓨터망을 설계하고 구축을 했다는 얘기를 전해 들었다.

청교도 정신에서 비롯된 순수한 도덕성도 미국 사회의 정신적 유산 중 하나다. 추수감사절Thanksgiving Day는 그것을 대변한다. 미국에서는 1년 중 최대의 명절 11월 넷째 주 목요일이 바로 그날이다. 메이플라워 May Flower호를 타고 온 영국 청교도들이 굶어 죽어가는 절박한 상황에서 인디언들의 도움을 받은 것에 대한 감사의 날로 정해져서 오늘날까지 전해 내려온다. 현지에서 머무르는 동안 다녔던 교회의 한 전도사는 자신의 선조가 May Flower호를 타고 온 사람이었는데 엄청난 고생을 하다가 영국을 그리워하며 마지막 숨을 거두었다는 이야기를 했을 때 사람들은 모두 존경하는 눈빛으로 그녀를 바라보면서 아무 말도 잇지 못했다. 마치 자신들이 청교도의 후예에게 빚이라도 진 것처럼 말이다. 청교도 정신의 순수한 도덕적 바탕 위에 미국의 부가 축적되지 않았다면 오늘날 세계를 지배하는 경제 대국이 결코 될 수 없었을 것이다.

종교나 도덕이 타락하면 아무리 강대 부국이라 할지라도 패망한다는 것을 역사는 그대로 보여준다. 로마가 그랬고, 고려왕조 또한 마찬가지가 아니었는가. 미국 사회에서 청교도를 바탕으로 한 도덕성이 정치가나 리더들에 대한 잣대는 엄격하고 단호하게 적용된다. 닉슨 전 대통령은 '워터게이트Watergate 사건'으로 탄핵이 거의 확실하게 되자 대통령직을 사임했고 클린턴 전 대통령도 르윈스키 스캔들로 인한 탄핵소추를 피할 수 없었다. 2001년 당시 공무원에게는 20달러 이상 선물은 뇌물이라고 규정을 해놓은 것 자체가 도덕성만큼은 양보하지 않겠다는 그들의 의지가 담겨있었다. 어느 나라든지 간에 지도자의 덕목은 도덕성이 중요시되고 있지만, 특히 미국에서의 도덕성의 문제는 절대적이다. 장래 지도자로 성장할 청소년들은 말할 것도 없고 각 분야에서 성공하기 위해서는 반드시 지켜야 할 것이 도덕성이다

또 하나 주목할만한 것은 미국의 다민족 다원화 사회라는 사실이

다. 미국의 사회·문화는 종합적·다각적이다. 광대한 국토, 각 주마다 지역적인 특색, 다인종·다민족으로 이루어진 인구구성 등이 그 주요 원인이다. 이로 인해 지금까지도 미국 사회에서는 인종과 민족 차별이 사회 전반에 걸쳐 남아있지만, 과거와 비교하면 차별이 점차 줄고 있는 것은 사실이다. 미국 사회는 각 인종과 민족이 특색을 잃지 않고 전체의 조화 속에서 살아가는 인종박람회라는 견해가 지배적이다. 여기에 가장 큰 역할을 하는 것이 사회적 통합을 위한 노력이다.

미국은 정치 사회학자들은 어떻게 사회적 통합을 이룰지 고민하고 있으며 사회적 통일과 조화를 강조한다. 다양한 인종과 사회 문화적 배경이 다른 사람들끼리 어떻게 잘 융합할 수 있을 것인가에 초점을 맞춘다. 정치의 최대 목표는 다양한 그룹의 사회적 차이에도 불구하고 국가가 공동의 정체성을 가지고 같은 목적을 향해 전진할 수 있도록 유도하는데 언론이 그 결정적인 역할을 한다. 신문 잡지 TV 영화 그리고 대중음악이 흩어져 있는 사람들을 하나의 국가공동체로 이끌어 내줄 수 있도록 유도한다. 이런 가운데 가치의 다원사회를 추구한다.

다원사회란 사회적 힘의 근원이나 성원들의 행위 양식이 다양한 사회를 뜻한다. 다원사회에서는 서로가 다양성을 인정하고 조화를 모색함으로써만 새로운 질서를 찾을 수 있다. 또 가치의 다원화 사회이기도 하다. 한 분야에서 어떠한 가치가 되든 그것이 지향하는 곳으로 최선을 다해서 달려간다. 그리고 그 가치의 정상에 섰을 때 성공이라는 이름으로 찾아와 보상해 준다. 사회적 보상 시스템이 아주 잘 되어 있어서 한 분야에서 성공하면 반드시 타 분야에서는 그 가치에 상응한 대가를 지급한다. 저작권 보호나 배관공의 높은 임금 지급 그리고 문화예술 분야의 가치 평가 같은 것이 그 단적인 예다. 직업이 다양해지고 계속 산업이 세분화·전문화되어 산업이 발전할 뿐만 아니라 어떤 분야에서도 세계를 선도해 가는 힘이 만들어지고 있는 것이 바로 이 때문이다.

다양한 문화가 발전되고 다양한 사고로 창조력을 키울 수 있으며 어떠한 직업이든지 자부심과 긍지를 가지고 일한다. 당시 버지니아 주지사인 마크MARK는 선거운동을 하면서 자신은 2년간 파트타임으로 청소부를 했다고 당당히 이야기하는 것을 보았다. 한국에서도 그와 같이 긍지를 가지고 말할 수 있는 정치가가 과연 몇 명이나 될까 생각을 하게 했다.

우리의 조국 대한민국은 지금 경제성장을 통해 선진국 대열에 합류했고 국가 경제 규모와 경쟁력은 전 세계 10위 수준에 올라와 있다. 한국의 지속성장은 이제 경제 분야 만이 아니라 사회시스템과 도덕 그리고 삶의 가치 추구가 함께하여 성장해야 한다. 그것이야말로 현재의 우리가 후세들에게 남겨줄 수 있는 값진 유산이 될 것이다.

다양성을 인정하는 사회

프랑스 마크롱 대통령은 왜 모교인 ENA의 폐교를 단행했을까?

남의 나라 폐교 문제를 거론하니 오지랖도 넓다는 이도 있겠지만 이에 대해 우리에게 새로운 화두를 던져준 일이다. 그것은 다름 아닌 '다양성을 인정하는 사회로 갈 것인가? 아니 갈 것인가?'를 묻는 얘기이기 때문이다.

프랑스의 국립행정학교(ENA École Nationale d'Administration)는 엘리트 고등교육의 상징 같은 존재였다. 샤를 드골 전 대통령의 지시로 1945년에 개교한 소수 정예 고등 교육 기관인 '그랑제꼴Grandes Écoles' 중의 하나다. 한 해 100명 미만의 소수정예로 양성되는 ENA 출신들은 '에나르크enarque'라고 불리며 일정 기간 공직에 근무해야 한다. 에나르크를 졸업하면 우리나라 서기관 정도의 직급에 임용되어 사회 요직으로 진출해 왔다. 프랑스 대통령 4명을 배출한 학교이지만 2022년 역사를 뒤로하고 폐교됐다. 엘리트주의의 상징과도 같은 이 학교의 정체성이 다양성을 인정하고 사회 불평등을 해소하게 하는 오늘의 현실과는 동떨어져 있다는 비판에서 벗어나지 못했던 이유다. 결정적인 이유는 2019년부터 시작된 프랑스의 '노란 조끼' 시위대가 부르짖는 사회 불평등 해소 촉구에 따른 결정이라는 후문이다.

다양성多樣性, Diversity! 이제는 이 세 글자에 전 세계가 주목하고 있다. 세계적 기업들을 보면 그 면면이 한눈에 드러난다. 내로라하는 글로벌 기업들이 하나같이 강조하며 펼치는 게 바로 지역에 상관없이 공통된 핵심가치를 공유하면서 다양성을 존중하고 포용하며, 정직과 윤리 측면을 실천하는 조직문화 즉, 유연성compliance이다. 이는 최소한의 윤리적 의무사항을 규정함으로써 전 세계 직원들이 현지의 법규를 준수하고 기업 시민으로서 사회적 책임을 다할 수 있도록 이끄는 행동 가이드이기도 하다.

다양성 존중은 지금 각국 사회가 계층, 지역, 인종, 성별, 이문화異文化, 나이 등에서 불거져 나오는 각종 사회 문제들을 봉합 치유하기 위해서 필요하다는 화두를 던지고 있다.

수많은 글로벌 기업들이 국내에 공장을 가동 중이고 중고기업 제조 현장에서 외국인 근로자들을 만나는 것은 일상이 됐다. 다문화 가정 또한 해마다 늘고 있으며 1인 가구 또한 폭발적인 증가세를 보인다. 여성의 사회 각계 분야 진출은 가속화되고 있고 초고령사회가 불과 몇 년 앞으로 다가와 있다. 이러한 현 상황은 우리 사회의 구성원들이 갈수록 다양해지고 있다는 것을 의미한다. 특히 2020년 기준 한국에 체류하고 있는 외국인 수는 200만 명이 넘는다. 전체인구의 4.1%에 해당한다. 경제협력개발기구(OECD)는 총인구 대비 5%를 넘으면 다문화·다인종 국가로 분류하고 있다.

그렇다면 우리나라는 과연 다양성 존중에 얼마나 가까이 다가가 있을까? 이 질문에 '잘 하고 있다', '높은 수준이다'라고 말할 수 있을지는 의문이 먼저 간다. 정치인 지식인 기업인은 물론이고 평범한 국민 또한 여전히 다양성에 대한 존중은 여전히 거리감이 있는 게 현실이다. 굳이 일일이 나열하지 않아도 학력, 지역, 인종, 종교, 직업, 성별, 장애 등에서 편견과 차별은 여전하다. 일례로 코로나 펜데믹으로 인해 해외에서 불거진 인종차별과 관련하여 한국에 사는 외국인들은 '한국 사람들은 외국에서 아시아인에 대한 인종차별을 경험하면서 분노하고 있음에도 불구하고 정작 한국 내에서 벌어지는 외국인들에 대한 편견에 대해서는 눈과 입을 닫고 있다'라는 비난이 일고 있다.

이제는 다양성을 당연한 것으로 긍정적으로 자연스럽게 받아들이고 그 속에 우리의 사고와 행동이 녹아들어야 한다. 동남아에서 온 이주민 가정의 아이가 내 자녀 또는 손자녀들과 같은 교실에서 공부하고 함께 뛰어놀고 있다는 것, 대학을 졸업하지 않아도 전문직 종사자로서 자신의 직업 세계를 잘 펼쳐나가는 이들이 갈수록 늘어나고 있다는 것, 결혼하지 않겠다는 비혼주의 청년이 내 자식일 수도 있다는 것, 외국에서 온 근로자들이 없으면 공장이 멈춘다는 것

등등 우리의 현실을 직시하지 않으면 안 되는 시대다.

"다양성이 능력보다 중요하다. Diversity trumps ability"

경제학자 스콧 페이지가 남긴 이 한 문장의 의미를 다시 한번 되새겨볼 필요가 있다. 다양성 가치의 추구는 우리 모두를 위한 공통의 가치이자 행복이 되기 때문이다.

행정이 산업을 앞서가야 한다

AI 인공지능 가수가 신곡을 녹음 한 후 온라인 콘서트를 열고 글로벌 전시장에서는 AI 모델이 기업의 신제품을 설명한다. 백화점을 가지 않고서도 실제로 백화점에 가서 쇼핑하는 것과 똑같은 상황을 안방에서 즐기고 학교에 가지 않고서도 교실에서 교사에게 질문하고 친구들과 토론을 하며 수업을 받는다. 메타버스metaverse 확장 가상 세계: 가상, 초월을 의미하는 '메타'meta와 세계, 우주를 의미하는 '유니버스'universe를 합성한 신조어는 각종 지금 각종 직업, 금융, 학습, 예술 분야에서 실제로 펼쳐지는 중이다.

IT를 기반으로 한 융복합의 기술혁명은 그 끝이 어디까지인지 감히 상상조차 할 수 없을 만큼 빠르게 발전하고 또 다양한 분야로 확산 중이다. AI, 로봇, 사물인터넷, VR 가상현실 등이 서로 어우러지면서 기업들은 하루가 다르게 획기적인 신제품과 서비스를 만들어내고 있는 데 반해 이에 선제적이며 능동적으로 대처해도 모자랄 입장인 법과 행정은 마지못해 끌려가는 상황이다. 문제는 기존의 규제를 풀어야만 비즈니스가 본격화되고 글로벌 시장에서의 선점은 물론이고 새로운 매출과 수익을 창출하는데 이게 불가능하다는 것이다. 21세기 들어서 불거진 이 현실을 어쩌면 좋단 말인가?

법과 행정이 변화의 발걸음을 따라주지 못하자 결국 신기술 시제품을 내놓은 혁신 기업들의 불만은 고조될 수밖에 없다. 이 때문에 생겨난 것이 정부가 2019년 1월 신산업 발전 촉진을 위해 도입한 '규제 샌드박스sand box'다. 규제 샌드박스는 신기술이 출시될 때 기업에 불합리한 규제를 면제 또는 유예하는 제도로 정부가 제품과 서비스의 출시를 일시적으로 허용하는 것이고, 실증특례는 제품·서비스를 검증하는 동안 규제를 면해주는 제도다. 실증특례 허가를 받은 기업은 일단 2년간 서비스를 제공하고, 이 기간에 문제가 없으면 1회 연장해 총 4년 동안 규제를 유예받을 수 있다.

올해 들어 시행 4주년 차를 맞은 규제 샌드박스는 지난해 말 기준 안면인식 결제 서비스와 세종시 도심 내 자율주행 규제자유특구, 소액 후불결제 서비스, 스마트폰 NFC 기능 활용 카드결제 서비스, 전기차 무선충전 서비스공유 주방 및 온라인 대출비교, 자율주행차 시범운행 등 총 632건이 승인되었다. 이 중 57%에 달하는 361건이 서비스 개시되어 투자유치 규모는 총 4조 8천억 원, 매출은 약 1천 5백억 원이 증가했으며 일자리는 6천 3백여 개가 창출된 것으로 추산된다. 혁신적인 아이디어가 시장에 접근할 수 있는 시간과 비용을 줄이고 혁신 기업의 자금조달을 쉽게 해주며 더 많은 혁신적인 상품이 시험 되고 시장에 도입될 수 있을 뿐만 아니라 규제기관이

미리 새로운 상품 및 서비스에 대한 적절한 소비자 보호 안전장치를 확보할 수 있다는 점에서 두 손 들어 환영할 만한 제도다.

다만 여기서 우리가 주목할 것이 있다. 그렇다면 행정의 혁신은 언제까지 규제 샌드박스에만 의존해야 할 것인가? 이다. 세상의 변화를 예측하고 대비했다면 이렇게 많은 규제 샌드박스 비즈니스가 생겨났겠는가? 한 번쯤 생각해볼 문제가 아닌가.

일찌감치 지난 2018년 1월 17일 열린 제361회 도의회 임시회 1차 본회의에서 나는 5분 자유발언을 통해 앞으로 우리에게 다가올 4차 산업혁명 시대를 대비한 충청북도의 선제적 대응 노력을 요청한 바 있다.

> "4차 산업혁명 시대는 인공지능과 ICT 기술의 융·복합을 통해 산업, 경제활동은 물론 정치, 행정, 문화 등 우리 생활 전반에 걸쳐 이전 산업혁명 단계와는 비교할 수 없을 정도로 대단히 폭발적인 변화를 가져올 것입니다. 도는 다가올 4차 산업혁명 시대에 선제적으로 대응하기 위해서는 행정 전반에 걸친 개혁과 전략수립이 필요합니다."

충북이 다가올 4차 산업혁명 시대에 선제적으로 대응하기 위해서는 무엇보다도 지방자치를 견인하는 공무원들이 시대의 변화 흐름을 정확히 인지하고 미래 지방행정을 이끌 창의적 정신과 역량을 갖추는 것이 중요함을 강조했다. 이어서 정기적이고 효과적인 공무원 교육 프로그램을 마련해 공무원들이 이에 적극적으로 참여할 수 있도록 방안을 마련하고 행정 조직상 4차 산업혁명 대응 주관 부서를 팀에서 과로 확대하는 등 행정 체계의 발전적 개편을 검토해 달라고 제안했다. 행정공무원이 과학기술계 다양한 전문 분야의 기술과 아이디어를 앞서갈 수는 없다. 하지만 적어도 미래 다가올 흐름에 대한 예측과 그에 따라 어떤 분야의 행정적 지원이 요구되는지 거시적인 틀에서의 예측과 준비를 위한 공부와 대응은 필요하다고 본 것이다.

학계와 연구기관에서는 이미 4차 산업혁명에 이어 5차산업 혁명이 가시화됐다고 말한다. 전문가들은 5차 산업혁명 시대 뉴노멀 New Normal:시대 변화에 따라 새롭게 떠오르는 기준 또는 표준'을 뜻하는 말을 예측하자면 인공지능 전략이 가장 유력할 것이라는 견해가 지배적이다. 5차 산업혁명이란 4차 산업혁명이 생활화되는 단계로 디지털 혁신 Digital Transformation이 생활 속으로 들어오면서 사람들의 생활과 의식에 영향을 미치는 단계, 즉 사회혁신 Social Transformation이 이루어지는 다음 시대를 말한다. 2~3년 전만 해도 일각에서는 4차 산업혁명조차도 그 실제가 불분명하므로 벌써 5차 산업혁명을 논하는 것은 시기상조라는 지적도 나왔다. 과연 그럴까?

미래는 우리가 생각하는 것처럼 그렇게 멀리 있는 게 아니었다. 아주 가까이에 있었다. 코로나 19 사태는 5차 산업혁명 시대를 앞당겼다. 4차 산업혁명을 이제 막 체감하는 현실에서 5차 산업혁명 시대를 살아가기 위해 지금부터 어떤 준비를 어떻게 해야 하는지 고민하는 것 또한 현실이 돼 버렸다.

　기술의 패러다임, 생활의 패러다임, 사고의 패러다임이 바뀌는 시기다. 우리가 어디에 있는지, 무엇을 해야 할지에 대한 예측과 준비는 바로 법과 행정 분야에서 먼저 이루어져야 한다. 설령 앞서가지 못한다면 최소한 신속한 대응체계라도 갖춰야 하지 않을까 싶다. 그것이 바로 21세기 글로벌 경제 시대에서 지방발전을 넘어 국가발전으로 가는 지름길이 될 것이니까.

일라이트Illite로 100년 미래 품은 영동

" 영동으로 오면 후회는 없을 겁니다 "
" 농산물은 유명하지만…. 미래도 생각해야…. "
" 제가 허투루 말하는 사람 아닙니다. 믿고 와 보세요 "

외지에서 누구를 만나든 귀농·귀촌 생활에 관심이 있다면 "영동으로 오세요" 하고 자신 있게 말할 수 있다. 그 이유가 궁금하다면 인터넷 검색에서 이 네 글자만 두드리면 된다. '일라이트Illite'.

머지않아 '영동은 한국의 사우디아라비아'라는 말이 생겨날 것만 같다. 사우디아라비아는 면적의 8/9 이상이 사막이지만 세계 최대의 석유 생산국이자 주요 석유 수출국 중 하나로 석유매장량은 세계 총매장량의 1/4을 차지한다. 다목적 용도의 광물인 일라이트는 1937년 미국 일리노이주에서 처음 발견됐고 우리나라를 비롯해 미국, 캐나다, 호주 등에 매장돼있지만 충북 영동군에 전 세계에서 가장 많은 양인 5억 톤이 매장된 것으로 추정되고 있다. 다른 국가의 매장량은 소량일 뿐이다.

일라이트는 운모 형태의 점토광물이다. 중금속 흡착, 항균, 원적외선 방사 등 다양한 용도와 효능이 있어 가축 사료, 공기정화, 화장품 원료, 인테리어 건축 바닥재 등 다양한 분야에서 활용할 수 있다. 무엇보다도 영동의 일라이트는 지표면 가까운 곳에 매장돼있어 채굴이 쉬운 것도 강점으로 확인됐다. 향후 일라이트를 원료로 한 각종 산업군이 확대되면서 일라이트의 잠재력은 새로운 고부가가치 산업을 창출할 것이라는데 의문의 여기자가 없다. 일라이트 산업화는 곧 영동의 미래 100년 먹거리로 급부상하고 있다.

'일라이트'는 아직도 우리 국민은 물론이고 세계적으로 흔하게 알려진 광물이 아니다. 그러기에 "진짜 그런 광물이 우리나라에 매장돼있습니까?"라는 의문을 던지는 사람들이 부지기수다. 짧은 기간이었지만 충북도와 영동군은 최근 2년간 일라이트의 산업화를 위해 발 벗고 나섰고 올해는 그 결실이 주렁주렁 열리는 원년이 된다. 이미 산업화는 시작됐으니까.

우리 군은 2021년 9월 일라이트 지식산업센터(연 면적 8033㎡)를 영동 산단 내에 건립 중이며 본격적인 산업 육성에 나섰다. 영동군은 일라이트 산업을 미래 100년 먹거리로 정하고 집중하여 육성하고 있다. 4개 업체에서 일라이트를 연 2500여 톤 생산한다.

'구슬이 서 말이라도 꿰어야 보배'가 아니던가. 한국세라믹기술원에서는 그간 '일라이트 상용화 기술개발 지원사업'을 통해 일라이트 소재 시제품 11건, 특허 출원 5건, 연구 논문 2편 발표 등의 성과를 거뒀다. 시범과제 중 첫 번째 연구·개발을 통해 기능성 일라이트 복합소재 기반 퍼스널케어(개인용 관리) 제품 연구개발로 일라이트 액상 추출물 공정 개발에 성공했다. 중금속 안전성과 세포독성 평가를 거쳐 항산화 성능 향상과 암모니아 탈취율이 80%에 달하는 것으로 확인했다. 이어서 두 번째 과제인 일라이트 기반 농업용 기능성 시제품 개발에서 무처리 대비 상추 생산량은 5.9배, 토마토 생장량은 3.6배 빠른 것으로 분석됐다. 그런가하면 기존 일라이트에 비해 약 20배 정도 높은 비표면적을 갖는 다공성 일라이트를 개발해 카드뮴(Cd), 납(Pb) 등 중금속의 흡착률을 높이는 성과도 거두었다.

이제 남은 일은 본격적인 생산과 홍보 마케팅을 통한 사업 활성화다. 우리 영동군은 올 초 ㈜아오스와 ㈜천지건업과 일라이트 제품 생산 관련 특허기술 사용협약을 했다. 이미 경북대학교 김일두 교수와 공동으로 '일라이트를 이용한 기능성이 향상된 새싹채소 및 그 재배방법'에 대한 기술적 내용을 담은 특허를 출원했다. 또 일라이트와 편백의 혼합물이 항균작용을 증대시켜 아토피를 개선할 수 있다는 것에 착안해 '일라이트 분말 및 편백잎 분말과 일라이트 추출물, 편백 추출물 및 한방혼합 추출물을 함유하는 피부화장료 조성물'의 아토피 개선 효능의 화장품 제조기술 특허를 출원한 바 있다.

이에 따라 두 업체는 영동군으로부터 기술 이전을 받고 본격적으로 관련 제품생산에 돌입했다. ㈜아오스 일라이트를 활용한 기능성 새싹을 재배 후 그 재배된 새싹을 분말화하여 기능이 우수한 건강기능보조식품을 4월 중 생산·유통할 계획이며 ㈜천지건업은 건조한 피부로 고생하는 아토피 환자에게 간지러움 완화작용을 높여 아토피를 개선시킬 일라이트 화장품을 7월 중 출시할 계획이다. 이뿐만이 아니다. 일라이트는 이미 천연 화장품, 수처리제, 보조사료, 친환경 건축자재, 화장품 등 각종 산업분야에 이미 공급되고 있는 중이며 토양개량제와 입상복합비료로 시제품을 제작해 시판을 앞두고 있기도 하다.

영동읍 매천리 일원에는 일라이트가 함유된 타일과 벽지를 사용한 치유센터를 지을 예정이다. 일라이트 홍보를 위해 18홀 규모의 대중골프장 '일라이CC'도 조성한다. 고순도 일라이트 생산센터를 건립해 고급 원료를 생산하고 일라이트를 테마로 한 테라피축제도 준비 중이다.

최근 2년간 2개 과제 기술개발에 도비 1억6000만 원을 포함한 총 8억 원을 지원해온 충북도는 일라이트 기술개발 지원으로 광물의 과학적 효과가 검증되고 이를 바탕으로 도내 바이오 소재 기업들이 고부가가치 기술개발을 통해 성장할 수 있도록 지속해서 지원하겠다는 입장이다. 특허기술이전은 일라이트 잠재력의 확인과 새로운 고부가가치산업을 창출한 결과로 영동의 미래는 '떼 놓은 당상' 그

자체다.

 한편 내가 속해있는 충청북도 바이오산업국에서는 일라이드산업을 영동군에 국한하지 않고 한국의 일라이트 'K일라이트'로 명명하고 로드맵을 주문하고 충북대학교 치료방사선과 박우윤 수에게 과제를 주어 일라이트가 의학분야에서도 활용될 수 있도록 주선했다

 이번 특허기술 사용협약에 따른 기술료는 그 판매량의 3%가 영동군에 납부될 예정이라고 한다. 생각해보라. 일라이트의 수요가 산업 각 분야로 확대되어 제품에 적용될수록 원재료 판매와 기술료로 얻게 될 영동군의 수익은 감히 예측 불허다. 그러니 영동군의 내일을 견인할 요인 중에 이만한 효자가 또 있을까 싶다.

지역경제에도 ESG를 심자

대내외적으로 이미 잘 알려진 충청북도의 꿈은 4% 경제를 달성하는 일이다. 2010년부터 2020년까지 충북의 경제적 몸집이 커졌다. 2015년부터 2019년까지 5년간 GRDP_{Gross Regional Domestic Product : 일정한 지역 안에서 특정 연도에 새롭게 생산된 재화 및 서비스의 시장가치 합계} 상승률 5.0%로 전국 1위를 차지했으며, 코로나19로 난제가 겹쳤던 지난해 대부분 시도가 역성장한 반면, 1.3%의 경제성장률을 기록해 세종시에 이어 전국 두 번째로 높은 성장률을 보였다.

충북의 경제 도약은 박수를 쳐줄 만한 결과다. 다만 이런 경제성장률에도 충북 경제의 전국 비중은 3.7%로 아직 4%에 미치지 못하는 것엔 아쉬움이 따를 뿐이다. 그런데도 4% 경제를 바라볼 수 있게 되었다는 것은 수도권에 인접한 지리적 이점과 각종 지원시책을 내세운 도의 왕성한 투자유치 활동이 큰 역할을 했다는 긍정적인 평가다.

도의원의 한 사람으로서 충북의 경제성장에 갈채를 보내며 앞으로도 더 발전하는 도를 기대하는 것은 당연지사다. 한 가지 아쉬움이 있다면 그것은 충청북도의 전체 경제성장을 견인한 기업들의 매출이 과연 우리도 실물경제에 얼마나 그 파급효과를 안겨주고 있느냐이다. 정확한 수치를 논할 수 없지만, 충북 내 기업들이 벌어들인 큰 규모의 돈이 외부 즉 다른 지역으로 유출되고 있다는 것은 의심할 여지가 없는 것 같다. 여기에는 거리상 서울이나 수도권에 본거지를 두고 있는 임직원들의 수가 적지 않은 데다 기업의 본사 또한 서울과 수도권에 있는 곳이 적지 않은 게 그 이유가 아닐까 싶다.

올해 들어 1월 말 지방의 P시 시민사회단체와 지역 출신 국회의원, 시·도의원들이 서울에 자리한 P그룹센터에서 항의 집회를 열었다는 뉴스를 접했다. 그룹 지주사인 '○○○홀딩스' 본사와 '○○기술연구원'을 지역에 설치해 지역과 함께하는 기업의 상생 의지를 보여 달라는 게 그 이유였다. 그룹이 홀딩스를 설립해 새로운 경영방식을 채택한다는 것은 공해는 지역 시민에게 떠넘기고, 수익은 서울에 넘기는 것이나 다름없기에 헌법에서 강조하는 국가균형발전을 저해하는 일이라는 것이다. 이를 보면서 비단 다른 지역만의 일이 아니라는 것에 가슴이 답답했다. 충북에서 벌어들인 기업의 수익이 외부로 유출되고 있는 것에 대해 그 누구보다도 불만과 안타까움이 크기 때문이다.

지난해부터 국내에는 ESG경영 바람이 거세게 불고 있다. 세계 모든 기업의 경영 화두로 떠오른 'ESG':환경Environment, 사회Social,

거버넌스Governance는 21세기가 원하는 새로운 경영패러다임이자 실천과제다. 유럽연합 EU와 미국에서는 이미 20여 년 전부터 ESG가 기업 평가 시 중요한 기준으로 작용해 왔고 최근 들어서는 글로벌 기업들을 중심으로 공감대가 형성되면서 세계적인 경영 추세가 됐다. 국내에서는 오는 2025년부터 자산 총액 2조 원 이상의 유가증권시장 상장사부터 ESG 공시 의무화가 도입되며, 2030년부터는 모든 코스피 상장사로 확대된다. ESG 경영이 본격화된 셈이다. 선택이 아닌 필수가 된 경영의 새로운 표준이자 기업의 생존 전략이나 다름없다.

ESG경영 시대에는 기업들이 스스로 변하지 않으면 기업의 미래 또한 다가오지 않는다. 이쯤 되면 기업은 제조 현장이 위치한 지역과의 환경 및 사회적 연계에 더 많은 관심을 두고 더 깊은 고민을 해야 한다. 지자체 또한 서로의 상생을 위해 기업과 함께 가야 한다는 전제하에 더욱 현실적인 대안을 마련해야 한다는 게 나의 소견이다. 임직원이 동참하는 정기적인 환경캠페인 실시, 불우청소년 장학금 지급, 김장하기 및 생활용품 지급을 통한 불우이웃돕기 등등 기업들이 지금까지 해온 모든 사회적 참여 활동에 도의원 이전에 충청인의 한 사람으로서 감사의 뜻이 있다. 다만 이제부터는 기업의 대외 홍보기사 거리로 활용될 수 있는 기존의 사회적 실천도 좋지만, 앞으로는 지역경제 활성화와 직결되는 부분에도 관심을 두고 적극적으로 동참해주길 바라는 처지다. 지역 상품권 활성화를 위한 기업의 관심과 노력을 그중 하나로 제안하고 싶다.

행정안전부가 밝힌 자료에 따르면 지역사랑 상품권을 발행하는 지방자치단체는 지난 2018년 66곳에서 2021년 232곳으로 급증했다. 같은 기간 판매액 역시 3700억 원에서 17조 3000억 원으로 폭증했다고 한다. 분위기가 이쯤 되고 보니 지자체가 만든 지역페이 사업권을 둘러싼 경쟁도 날로 치열해지고 있다. 특히 경기·인천·부산·울산·대전·세종·김포·성남 등 발행액이 큰 지자체가 일제히 기존 판매·운영 대행 계약이 종료될 정도이며 시중은행은 물론 카드사, 빅테크 등 민간 기업들까지 눈독을 들이고 있다는 얘기도 들린다. 하지만 부작용에 따른 우려의 목소리도 동시에 들려온다. 너나 할 것없이 지역상품권을 발행하고 있지만, 성공사례는 많지 않은 것이다. 게다가 지자체 상품권의 할인 혜택은 정부나 지자체 예산으로 지원되므로 지자체 단체장들이 일시적으로 소상공인이나 지역민 환심을 사고 있다는 비판이나 또 전반적인 소비 자체를 늘리는 게 아니라 시민들의 주사용처 또한 제한적이라는 것도 단점도 불거지고 있다.

기대와 우려가 교차하고 있음에도 불구하고 지역 상품권을 활성화해야 하는 이유는 두말할 나위 없이 지역경제의 선순환에 있다는 견해다. 따라서 수익창출의 일등공신인 기업들이 해당 지자체의 상품권을 급여나 상여금 일부로 지급한다면 지역경제의 활성화에 큰 몫을 하리라고 본다. 이미 발 빠른 기업들은 ESG의 사회부문을 강화하기 위해 공장이 소재한 지역에서의 원재료구매를 확대하는 노력을 기울이고 있는 것으로 알려진다. 기업도 지자체도 100년을 내다보는 경영과 상생이 필요한 시대다. 당장 눈앞의 이익보다는 장기적인 관점에서 지자체와의 협력과 상생을 구체적으로 실천해야 하는 오늘이다.

어느 경제 전문가가 기업들을 향해 조언한 메시지가 떠오른다.

"지급·결제에서 노하우가 쌓인 카드사를 비롯한 금융사와 대기업 입장에서는 별도의 큰 추가 비용이 들이지 않고서도 지역 상품권 시스템 구축과 활성화에 이바지할 수 있는 부분이 많고 지역의 소상공인과 상생하는 이미지 형성에도 도움이 될 것이다."

방사광가속기, 충북의 내일을 밝힌다

방사광가속기synchrotron radiation.

일반인들에게는 아직 다소 낯선 용어이지만 충청북도에는 그야말로 반가운 이름이 아닐 수 없다. 우리 도가 세계적인 과학기술의 메카로 거듭날 수 있는 새로운 문을 열어주고 있는 존재이기 때문이다. 한국은 전 세계에서 세 번째로 4세대 방사광가속기를 확보한 나라로 경북 포항시에 이어 청주시에 두 번째 4세대 방사광가속기가 자리하게 됐다. 이 얼마나 큰 경사이고 환영할만한 일인가?

오창테크노폴리스 산업단지에 들어설 다목적 방사광가속기는 한국과학기술기획평가원KISTEP이 수행한 예비타당성 조사를 통과하여 지난해 부지조성공사에 돌입한 데 이어 올해부터는 본격적인 구축을 위한 과정이 진행 중이다. 사업 기간은 총 6년으로 2027년까지 구축을 마친 뒤 시험 운전 과정을 거치면 2028년부터 본격 운영된다. 빔라인 10기를 시작으로 최대 40기까지 늘릴 예정인 것으로 알려졌다.

방사광가속기는 태양보다 100경배 밝은 빛을 1000조 분의 1초 단위로 순간을 잡아내 물질의 기본입자를 관찰할 수 있는 가속기다. 4세대는 3세대 방사광가속기로는 불가능한 살아있는 세포, 광합성 과정, 비결정단백질 등까지 촬영할 수 있는 것이 특징이다. 물리, 화학, 생물, 의학 등 기초연구는 물론 응용 분야인 반도체, 디스플레이, 철강, 바이오 신약, 촉매, 나노정밀소자, 2차 전지ESS, 신소재 개발 등 모든 과학 분야 연구에 활용한다.

한국은 1994년 12월 최초로 포항공대 부설 포항가속기연구소에 25억eV의 3세대 방사광가속기가 준공되어 세계에서 5번째로 첨단 방사광가속기를 보유하게 된 데 이어 2016년 9월에는 미국과 일본에 이어 세계 3번째로 포항에 4세대 방사광가속기가 준공됐다. 현재 국내에는 포항에 3세대 방사광가속기와 4세대 방사광가속기 각각 1기씩 운영되고 있으며, 2020년 5월에는 드디어 충북 청주시가 4세대 방사광가속기 건립 후보지로 지정되어 오늘에 이르게 된 것이다. 방사광가속기가 구축되면 전국 생산 유발 9조 2천 825억 원, 부가가치 유발 2조 9천 310억 원, 3만 8천 402명의 취업유발 효과가 있을 것으로 기대된다. 산학연의 R&D에 탄탄한 기반이 되어줄 방사광가속기는 과학기술의 발전을 통한 국내 산업발전을 끌어올리는 데 그야말로 혁혁한 공을 세우는 주인공이다.

사실 다목적 방사광가속기 유치는 저절로 굴러들어와 거저 얻어진 결과가 아니었다. 전남의 나주·강원의 춘천·경북의 포항이 충북의 청주와 함께 유치를 위한 뜨거운 경쟁을 펼쳤었다. 도지사와 시장, 지역 정치권은 물론 각종 단체까지 망라해 유치위원회를 구성하는 등 저마다의 강점을 어필하면서 어디가 선정될지 예측 불허였다. 이런 상황에서 우리 도에 유치된 것은 도지사를 비롯한 산학연 모든 관계자와 정치인들의 노력과 우리 도민 모두의 응원 결과다.

사실 2년 전인 2020년 5월 청주시 오창읍으로 유치가 결정되기 이전까지 나 또한 어떻게 해서든지 우리 도가 유치해야 한다는 데 목소리를 키우면서 산학연 관계자들은 물론이고 의회에서도 강조하고 또 강조했던 일이다.

충북도의회 제381회 임시회 2차 본회의에서 5분 자유발언을 통해 나는 목소리를 높였다. 당시 여당의 대표는 전남을 방문한 자리에서 '방사광가속기를 전남에 유치하겠다'라고 공언해 그동안 충북이 역점 추진하고 있는 방사광가속기 유치에 찬물을 끼얹고 충북도민에게 커다란 실망감을 주었다고 밝히면서 국회의원 선거를 앞두고 표를 얻기 위한 전형적인 포퓰리즘 대중인기영합주의 발언이었음을 꼬집었다. 특히 충북과 치열한 유치 경쟁을 벌이고 있던 전남 나주는 호남권 대학 총장들, 자치단체장, 지방의원 등의 지지성명을 끌어내는 등 유치전에 집중하고 있다는 사실을 전하면서 청주시 오창읍에 방사광가속기가 꼭 유치될 수 있도록 이 지사님과 집행기관이 최선을 다해 주실 것을 촉구한다는 태도를 전달했다.

그런가 하면 충북의 유치 후보지인 청주시 오창읍은 지질·지반구조의 안전성 있는 단단한 암반지대이며 전국 어디서나 이용할 수 있는 쉬운 접근성, 방사광가속기 주요 활용 분야인 반도체, 바이오, 화학산업이 충북 중심으로 중부권과 수도권에 몰려 있는 점이 강점이라고 강조하면서 방사광가속기의 충북 유치의 타당성도 역설했다. 충북지역에 대규모 국책시설이 들어선 것은 2009년 이후 10년간 전혀 없는 상태였다.

방사광가속기가 오창읍에 자리할 경우 충청권의 38개 연구기관과 75개 대학, 그리고 기업들이 집적화돼 있어 다양한 시너지 효과를 창출할 수 있는 최적지라는 생각도 피력했다. 그러니 나로서는 지금 구축이 진행 중인 다목적 방사광가속기만 생각해도 마냥 흐뭇하고 기쁠 수밖에 없다. 게다가 우리 충북도의 미래에 대한 기대와 희망이 저절로 커지는 것은 당연한 일이다.

오창읍 방사광가속기 구축은 오송 경제자유구역이 중부권 글로벌 첨단산업의 거점기지로 발전하는데도 큰 몫을 발휘할 것으로 기대되고 있다. 충북경제자유구역청은 국내 바이오산업의 중심지인 청주 오송을 중심으로 경제자유특별도시를 건설하겠다는 구상이다. 오송 경제자유구역은 충청지역 산업의 거점기지로 개발하는 것에서 더 나아가 외국인의 기업 활동이 활발히 이뤄지는 경제자유특별도시로 발전시켜 나가겠다는 야심에 차 있으며 이를 위해 외국인 학교 유치, 주변 관광지와 연계한 대규모 레저·관광 등 서비스업 기반

강화 등 외국기업 유치에 필요한 정주 여건 조성에 주력할 것으로 알려진다. 따라서 경제자유특별도시는 대전 국제과학비즈니스벨트, 청주시 오창 다목적 방사광가속기와 연계한 거점도시로서의 역할도 기대된다. 그야말로 충북의 내일을 밝혀주는 R&D의 새로운 메카로 자리잡을 것이라는 희망이 샘 솟는 오늘이다.

소득이 있는 곳으로 사람이 온다

"어떤 삶을 원하는가?"

십중팔구는 경제적으로 안정되고 일과 삶의 균형이 유지되는 워라벨의 삶이라고 할 것이다. 젊은 세대일수록 일과 휴식이 공존하면서 경제는 안정적인 생활을 유지하고자 하는 바람은 더욱 크다. 그렇다면 귀농을 꿈꾸는 이들의 소망 또한 마찬가지일 것이다. 농촌에 산다고 하여 일만 하고 돈만 많이 벌기를 희망하기보다는 일, 소득, 휴식, 문화, 교육 등 다양한 여건이 고르게 충족될 때 사람들은 그곳이 좋은 곳이라고 여기고 몰려든다.

우리나라는 2017년 1인당 국민소득 3만1734달러를 달성하면서 '3만 달러 시대'를 처음 열었다. 지난해 1인당 국민소득은 사상 처음으로 3만5000달러에 이를 것이란 예측이 나온다. 일각에서는 실질 경제성장률보다는 물가와 원화 가치가 나란히 뛴 영향이 더 크다는 지적과 함께 명목상의 1인당 국민소득과 국민이 체감하는 실질적인 가계 소득과는 괴리가 커지고 있다는 우려의 목소리가 들린다. 이미 5년 전부터 3만 달러 시대를 연 것과 우리 국민의 생활 수준이 불과 10년 전보다도 크게 향상된 것만은 사실이니 우리가 경제선진국 대열에 들어선 것은 부인할 수 없는 사실이다. 그렇다면 농촌의 현실은 어떨까?

한국농촌경제연구원이 잠정 집계한 통계에 따르면 지난해 농업 생산액과 농가소득이 증가했지만, 올해는 축산물 생산 증가에 따른 가격 조정으로 감소할 것이라고 한다. 지난해 농가소득은 가구당 4,697만 원으로 잠정 집계됐다. 하지만 올해는 농가소득이 지난해보다 0.6% 적은 4671만 원으로 낮아질 것이라는 전망이다.

여기서 우리는 1인당 국민소득과 농가소득의 편차를 한눈에 보게 된다. 2019년 기준 충청북도의 농가 수는 7만 735가구로 가구당 인구는 2.3명이다. 1인당 국민소득을 3만 달러로 잡고 달러당 환율을 1,180원으로 계산할 경우 8,132만 원의 소득이 되어야만 국민 평균치가 된다는 얘기다. 도시와 농촌의 소득 격차가 이처럼 크다는 것을 단적으로 보여주는 셈이다. 물론 이 같은 수치상으로만 소득 격차를 논할 때 도시와 농촌은 주거를 비롯한 생활환경에서 발생하는 지출 비용 또한 차이가 있다고는 하지만 설령 여타 여건을 고려한다 하더라도 농사소득이 낮은 것은 누가 봐도 인정할 수밖에 없는 현실이다.

올해 들어서 매스컴에 눈에 띄는 뉴스를 발견했다. 경기도가 농촌 기본소득 사회실험 대상 지역으로 경기도 연천군 청산면을 최종 선정했다는 것이다. 농촌 기본소득은 일과 삶의 균형과 공동체 회복을 통한 농촌 지역의 인구 유입과 경제 활성화 도모 등의 기본소득 정책분석 효과를 입증하고자 하는 첫 사회실험이라고 한다. 이번 시범사업은 3월부터 청산면에 거주하는 주민 3,880명에 1인당 월 15만 원을 지역 화폐로 지급해 농촌 기본소득 시대의 첫 장을 열게 된다. 전 국민 기본소득 제도화를 위한 이론적 근거 마련과 기본소득 사회실험에 대한 세계적 모델을 제시하는 실험이라는 점에서 전국 지자체들의 관심이 주목된다. 무엇보다도 기본소득에 대한 이해와 공감대 확산이 이 실험의 주목적이라고 하니 실험과 이를 지켜보는 것만으로도 의미 있는 일임엔 틀림이 없다.

소득의 재분배와 국민소득의 평준화를 지향한다는 점에서 또 복지국가 실현을 위한 미래지향적인 방향이라는 점에서 굳이 반기를 들 필요는 없을 것이다. 다만 우리가 '삶의 보람'이라는 전제하에서 소득을 논한다면 국민 기본소득 제도화 못지않게 농촌 지역 농가소득에 대한 다각적인 해법을 찾아 나서지 않으면 안 된다. 더욱이 인구감소로 농촌 지역 소멸화가 진행되고 있는 현시점에서는 청년 농업인구를 끌어들일 수 있는 더욱 현실적인 대책을 마련해야 한다.

귀농을 선택하는 청년들은 자신들의 꿈과 희망을 농업에서 찾겠다는 의지와 목표를 갖는다. 그들은 자신들의 계획을 추진하고 노력을 기울이고 결실을 얻으면서 높은 수익을 창출하고 그로 인해 느끼는 보람을 큰 가치로 여길 것이다. 예를 들어 농촌에 와서 농업에 종사하면 누구에게나 도시 가구 평균소득에 따르는 금액을 지원하겠다고 치자. 이런 정책을 편다고 해서 도시의 젊은이들이 농촌으로 달려올 리 만무하다. 우리가 모두 각자의 분야에서 고군분투하는 가장 큰 이유는 소득만큼이나 중요한 목표 실현과 보람을 찾기 위함이기 때문이다.

농촌 인구 유입과 소득증가는 크게는 정부 차원에서 큰 그림이 그려져야 하고 도나 군에서는 농가들에 보다 피부에 와 닿는 현실적인 정책들을 다양한 관점에서 또 다양한 방법으로 지원하고 이끌어야 한다. 그중 한 가지 영동군 농가들을 위한 지원책으로 나는 농산물유통센터 건립을 강조해오고 있다. 영동은 이미 포도를 비롯한 다양한 청정 농산물들의 주산지로 알려졌다. 중요한 것은 농사소득에 큰 영향력을 미치는 판매이다.

농업에 종사하는 농민들은 재배와 마케팅을 포함한 유통 두 가지 모두를 다 완벽하게 실현하기 어려운 일이다. 일부 소비자 직거래를 위해 온라인 유통망을 개척하는 농가들도 있지만, 재배 작물마다 농가마다 환경이 다르다. 영동군을 대표하는 농형농산물 직거래 센터를 건립 운영할 경우 중간상인을 배제한 유통상에서의 장점으로 농민의 수익을 증대시켜줌은 물론이고 해마다 유통업자들에 의해 들쭉날쭉 감조차 잡을 수 없는 농산물가격에도 이바지할 것이라는 기대가 모인다. 무엇보다도 농가는 최고의 농산물을 생산하는

데 집중할 수 있게 하고 판매는 유통센터가 책임져주는 시스템을 유지하는 것이다.

 농산물유통센터는 농가소득 증대는 물론이고 관광객을 유치하는 데도 나름대로 한몫을 톡톡히 해낼 것이라는 생각도 든다. 영동은 앞으로 관광 명소화시킬 수 있는 볼거리들이 곳곳에 숨어있는 지역이다. 그간 외지인들에게 잘 알려지지 않았던 영동의 숨은 명소들을 관광 명소화하여 이를 농산물유통센터와 연계시키고 패키지화하는 노력을 기울인다면 결코 불가능한 일이 아니다.

 영동으로 청년들을 불러모으고 영동을 알리는 일은 이제 더는 지체되어서는 안 된다. 지금은 군과 군민들이 머리를 맞대고 더욱 이와 관련된 구체적인 고민을 시작해야 하는 시점이다.

청년을 불러오려면

'고령화', '저출산', '지역소멸'.

수도권과 대도시 인근 지역을 벗어난 다수의 농어촌에 불어 닥친 듣기 거북한 진실이다. 충청북도 내에서는 괴산, 영동, 옥천, 보은, 단양, 제천 등이 인구 감소지역으로 나타났다. 내가 나고 자라고 지금 살고 있는 영동이 지금 이대로 간다면 몇십 년 후엔 지역소멸의 위기에 처할 수 있다는 예측이 상상조차 하기 싫은 끔찍한 일이지만 이는 현재진행형이라는 점에서 걱정과 불안감을 지울 수 없다. 더욱이 도의원으로서 지역 성장과 발전을 이끌어야 하는 위치에 서 있는 나로서는 날마다 고민을 하지 않을 수 없는 일이기도 하다.

인구 추이를 보면 우려는 현실이 된다. 2020년 12월 24,414가구 47,475명이던 영동군의 인구통계는 2021년 12월 23,813가구 45,773명으로 감소했다. 1년 새에 무려 1,702명이 줄어들었다. 고령자들의 사망과 청년들의 학업 또는 취업에 의한 지역이탈이 주된 요인일 것이라는데 의심의 여지가 없다.

농촌 지역의 인구감소에 따른 지역소멸이 단지 우리 영동군의 이야기인 것만도 아니고 또 한국의 문제만은 아니다. 미국과 일본도 경험한 일이고 국내 전국 각지의 농어촌 기초단체들이 난감해하고 있는 가장 현실적이고도 큰 문제이다. 중요한 것은 그저 지켜만 보고 있어서는 안 되며 늦었지만, 지금이라도 서둘러서 그 대안을 조속히 찾아내야 한다. 이런저런 사연으로 고향을 떠났던 이들을 다시 불러들이고 외지 사람들이 꿈과 희망을 안고 찾아오는 지역으로 만들어야 한다.

어떻게 해야 할까? 10여 년 전부터 귀농·귀촌 붐이 일고 있지만, 이 또한 모든 농어촌 지역의 경사는 아니다. 나름 쏠림현상이 나타나고 있는 게 사실이다. 장기적으로 농어촌 지역의 소멸을 막을 수 있는 가장 확실한 대안은 청년들을 불러들이는 것이다. 그들이 정착하여 소득을 증대시키고 가정과 함께 지역사회 커뮤니티를 형성하면서 지역에 활력이 넘쳐나야 한다. 정부 차원의 전략적인 대규모 산업단지가 조성되면 인구는 저절로 증가하고 지역경제는 활성화된다. 다만 그것은 지리적 위치와 기업의 선택 같은 다양한 여건이 우선될 때 가능한 일이다. 또 그것만이 지역소멸을 위한 최선책이라고도 볼 수 없다. 더 좋은 대안은 공업화와 도시화가 아니고 자연과 함께 환경이 숨 쉬는 곳에서 웰빙을 추구할 수 있는 지역 조성이다. 농어촌일지라도 경제 자립도가 높아지고 생활의 불편함이 사라지면 사람들이 제 발로 찾아드는 곳이 될 것이다.

도시와 농촌은 여러모로 차이가 있긴 하지만 인구소멸과 지역경제 쇠락은 도시 또한 피해갈 수 없다. 아파트 단지 난개발과 주먹구구식의 도시개발로 인해 현대사회에서는 수명이 끝나가는 황폐해진 도시들이 이미 곳곳에서 나타나고 있다. 도시라고 해서 마냥 마음 편한 것만도 아니다.

세계적으로 도시재생을 통해 성공한 롤모델로 꼽히는 곳이 있다. 관광 대국 중 하나인 스페인의 빌바오Bilbao다. 비스케이Viscay지방의 주도로 17세기부터 철광산업과 조선산업이 발전하면서 스페인의 가장 중요한 중공업 중심지로 성장했고 20세기 초엔 스페인에서 가장 부유한 도시로 명성을 날렸다. 하지만 1920년대 이 지방의 풍부했던 철강 자원이 고갈되면서 위기를 맞았고, 1970년대에는 경기 침체로 도시의 성장이 멈추고 그 후 이어진 경제 불황은 빌바오를 쇠락으로 이끌었다. 엎친 데 덮친 격으로 1983년에 발생한 대홍수는 빌바오 구도심을 완전히 파괴해 버렸다.

도시재생은 이 도시에 다시 생명력을 불어넣었다. 구도심은 차량 통행을 제한하고 보행 중심으로 재설계했으며 고지대에 거주하는 노인층 및 장애인의 이동권을 확보하기 위해 엘리베이터 등을 요소요소에 설치했다. 도로는 자동차 중심이 아닌 사람을 중심으로 설계되었다. 빌바오 재생의 하이라이트는 단연코 빌바오 강변에 세워진 구겐하임미술관이었다. 미국의 솔로몬 R, 구겐하임 재단이 설립한 세 번째 해외 분관으로 빌바오강 주변의 버려진 공장, 창고 그리고 화물역 부지에 세계적인 건축가 프랭크 게리Frank Gehry의 설계로 1997년 완성됐다. 3만 3천여 개의 티타늄 조각을 사용한 외관은 티타늄 조각들이 마치 물고기 비늘처럼 은은한 빛을 발한다. 1997년 10월 개관 후 연평균 구겐하임 방문객은 120~130만 명에 달한다. 빌바오가 인구 35만 명의 소도시라는 것을 고려하면 관광객 수는 그야말로 놀라운 수치다.

인구감소로 대외적인 이미지는 물론이고 현실도 위축되어 가는 농촌에 활력을 불어넣는 일은 어떤 것이 좋을까? 귀농·귀촌 인구 확대를 위해 일부 지자체에서는 파격적인 주택지원을 내세워 좋은 반응을 얻었다고 한다. 하지만 귀농 귀촌 정착을 위한 일반적인 지원은 물론이고 청년 결혼비용에서부터 출산 육아 등등에 이르기까지 현재 전 농촌 지역 지자체에서 지원하는 정책은 규모의 차이와 방법론의 차이일 뿐 대부분 유사하다.

나는 좀 다르게 생각한다. 영동 방문객들의 발길이 잦아지게 하고 청년들의 귀농·귀촌을 불러오려면 일반정책을 펴는 것은 기본이고 여기에 지자체가 나서서 세계적인 축제가 될만한 기반구축과 축제의 다양화 그리고 홍보라는 것을 큰 방향으로 본다.

빌바오는 스페인의 한 도시이고 스페인은 이미 세계적으로 유명한 다수의 박물관과 미술관을 보유한 나라다. 그들에게 미술이 강점이라면 영동은 영동 나름의 풍부한 특산품과 문화유산이 있다.

우리는 우린 것을 살리면 될 일이다. 현재 영동포도, 난계국악, 와인, 곶감 이렇게 네 개의 축제를 대표적인 지역축제로 열고 있다. 이미 대외적으로 잘 알려져 있긴 하지만 이것만으로는 부족하다. 더 많은 축제를 만들어야 한다. 우리 영동의 특징과 자연환경을 비롯한 자산을 아이디어화 시킨다면 1년 열두 달 내내 축제가 열리는 고장으로 만들 수 있다. 이 중에서도 특히 난계국악축제를 국악, 대중음악, 퓨전 음악 등이 함께 어우러지는 세계적인 국악 축제로 만들면 좋겠다는 생각을 한다. 실제로 이를 위해 지역 국악인들과 대화도 자주 가지면서 '국악표준원'을 유치하고자 하는 노력을 기울이는 중이다.

지난해 경남의 한 지역 귀농·귀촌 현황 보고에 따르면 총 892세대가 농촌에 안착했다고 한다. 적지 않은 수인만큼 눈길을 끈다. 농촌, 산촌, 어촌이 함께 어우러진 지역 특성에 연령층별로 맞춤형 사업을 발굴해 추진한 것이 효과적이었다고 하지만 이 지역 뉴스 중에서도 내 눈에 들어온 것은 희망찬 지역 특성을 주제로 한 귀농·청년 농부 홍보영상 제작과 공식 유튜브 채널이다. 올해는 귀농·귀촌 홍보 활성화를 위한 미디어콘텐츠 제작비를 확보해 분기별 1~2편 귀농 홍보영상을 제작해 유튜브·블로그·SNS에 활용한다는 것을 들으면서 온라인 문화에 익숙해진 청년들에게는 매우 효과적인 홍보전략이 될 것으로 보인다.

그렇다면 청년들을 불러 모을 방향은 그 윤곽이 드러난 셈이다.

이미 해외에서도 다양한 성공사례들이 나왔듯이 볼거리 먹을거리 즐길 거리를 제공하면서 방문객은 즐겁고 지역경제가 살아나는 축제를 만들고 시대 흐름에 맞게 이에 대한 홍보전략을 만들면 된다. 말처럼 쉬운 일은 아니지만 그렇다고 해서 불가능한 일은 결코 아니다. 사람들의 발길이 잦아지고 경제가 활성화되는 지역발전의 출발은 그 지역의 주인인 지역민들의 진지한 고민과 발상에서부터 시작된다는 것도 간과해서는 안 된다.

영동 관광!
체류형 관광에서 답을 찾자

'주 5일 근무제'는 1926년 미국 포드 자동차를 창업한 헨리 포드가 도입했고 이로 인해 노동시스템을 바꿨었다. 노동자들이 매주 이틀의 휴일로 더 많은 여가시간을 갖게 되면, 더 많은 차를 살 것이라고 주장했다는 그의 일화가 전해져오고 있다. 100여 년이 지난 2022년 '주 4일 근무제'가 화두가 되고 있다. 독일 정보기술(IT)기업 '아윈Awin'은 지난해부터 주 4일 근무를 시행하고 있다. 국내 기업 중에도 이미 주 4일 근무제를 시행하거나 4.5일제로 돌아섰다. 시대 변화를 예측하고 대응하는 것은 기업만의 일이 아니다. 지자체들이야말로 주목해야 하는 일대 변혁이다. '휴무가 늘어난 이들은 과연 어디로 갈까?'에 대한 물음표에 발 빠르게 대응하는 지자체에는 지역경제 성장의 청신호가 켜질 것이 분명하다.

요즘 관광산업을 통해 지역경제를 활성화하고자 하는 전국 지자체들이 한두 곳이 아니다. '출렁다리를 놓는다', '이색 엑티비티 현장을 조성한다', '농산물 수확 체험프로그램을 만든다' 등 관광산업이

'굴뚝없는 공장', '황금알을 낳는 거위'라는 말로 주목받은 지는 어제 오늘의 얘기가 아니다. 자연을 훼손하고 오·폐수, 탄소 배출 등의 환경문제로 조용한 날이 없는 산업환경을 피하면서도 외지 사람들을 불러모으는 관광광산업이야말로 남다른 자연환경을 가진 작은 지자체들이 미래를 어떻게 준비해야 하는지 그 답이 아닐 수 없다.

여기서 다시 한 발짝 더 깊이 있게 들여다봐야 하는 상황이 있다. 전국이 일일생활권이 아니라 이제는 반나절 생활권이라는 말이 나오고 있다. 고속전철과 항공기 수요는 폭발적으로 증가하고 있고 전국을 사통팔달로 이어주는 고속도로의 위력은 그야말로 경이롭기까지 한 시대다. 80년대만 해도 다른 지방 한번 다녀오려면 하룻밤 묵고 와야 하던 시대였으니까.

그렇다면 IT 속도만큼이나 빨라지고 있는 요즘의 육상, 해상, 항공 등 운송산업의 고속화는 관광산업에 정말 효자(?)가 될까? 단언하건대 결코 아니다. 자칫 지역관광산업을 '빛 좋은 개살구'로 이어가게 할 우려가 다분하다. 아침에 와서 낮 도시락 싸서 와서 놀다가 오후가 되어 돌아간다면 지역경제 활성화에는 눈곱만큼의 효과가 있을지 모르겠으나 되레 관광객들이 남겨놓은 쓰레기 치우기에 바쁜 일이 될지도 모른다. 그래서 충분히 고민하고 머리를 싸매고 준비해야 하는 것이 바로 지역관광산업이기도 하다.

충북도의회 산업경제위원으로 활동하던 시절 나는 '충청북도 농촌체험 관광 활성화 지원 조례'와 '전통주 산업 육성 및 소비문화장례에 관한 조례'를 제정했다. 그 무렵 한중 FTA 등 주변 여건이 농촌문제를 어렵게 하고 있지만, 그 대안으로 그린투어리즘인 농촌체험 관광사업이 도내 60여 개 마을에서 진행되고 있어 이를 적극 육성·지원해 농촌의 활력을 넣어야 할 절대적 시기라고 강조하면서 충북도와 협의해 농촌공동체 활력화에 힘을 보태고 민간조직인 도 체험 휴양마을협의회의 활성화를 위한 지원 방안을 적극적으로 검토하겠다고 말했다.

지역관광산업의 꽃은 다름 아닌 '체류형 관광'이다. 산과 바다로 천혜의 자연환경을 자랑하는 남도의 군도, 분단의 아픔을 각인시켜 주면서도 수십 년간 그대로 보존된 비무장지대 자연환경을 품은 군도 최근 1~2년 새에 체류형 관광 컨설팅을 받는가 하면 관련 연구용역 착수보고회를 개최했다는 얘기가 들려온다. 그들이 나름 돈을 들여서 관광산업 컨설팅을 받은 이유는 한가지다. 어떻게 하면 지역관광벨트를 짜임새 있고 효과적으로 조성하여 찾아오는 이들에게 눈 호강시키고, 몸이 날아가도록 즐기고, 돌아가면 다시 찾아오고 싶은 만큼 맛있는 음식을 제공하고 하루 이틀 편안하게 자고 갈 수 있게 하는 체류형 관광지역이 될까를 위해서다. 체류형 관광이야말로 포스트 코로나 시대 주 4일 근무 후 찾아오는 관광객들의 만족도가 커지는 동시에 지역경제도 자연스럽게 성장시켜줄 거임에 틀림이 없다.

오래전부터 나는 우리 영동이 체류형 관광지로 거듭나길 손꼽아 기다리면서 지자체 관계자들과 대화를 나누어왔다. 영동의 강점은 자연이다. 각종 산업단지가 곳곳에 들어서 난개발이 되는 다른 지역들과의 가장 차별화된 자랑거리다. 우리는 환경과 우리의 조상들이 그대로 물려준 자연과 문화유산을 우리의 가장 큰 자산으로 삼아야 한다.

달도 머물다 간다는 '월류봉', 한성봉 자락을 끼고 도는 석천 계곡변에 있는 천년이 넘은 사찰'반야사', 머리에 뿔 달린 호랑이가 살았다는 '각호산', 깎아지른 듯한 절벽에서 쏟아져 내리는 물줄기가 무려 20여m에 달하는 '옥계폭포', 우리나라 3대 악성의 한 분이신 난계 '박연선생과 난계국악당', 효자에 얽힌 전설과 함께 자리한 호랑이 무덤인 '호총', 자연산 버섯요리, 와이터널에서의 와인 한잔과 포도농장에서의 탐스러운 포도체험 등등.

이제는 더 늦기 전에 볼거리 즐길 거리 먹거리 등을 어떻게 몇 가지 대표 코스로 관광 벨트화시키면 좋을 것인가에 대해 또 숙소와 산지 직거래 장터 구축 등에 대해 고민을 하고 창의적인 아이디어를 심어야 하는 시기다. 지금에서 밑그림을 그리고 준비하고 있으니 지역관광의 후발주자라는 비난을 받을 수도 있겠다. 하지만 앞서간다고 해서 다 좋은 것만은 아니다. 우리는 한발 늦은 대신 선행 지자체들의 장점은 벤치마킹하고 단점은 사전에 없애는 전략을 취하면 되지 않겠는가.

지역을 유명 관광지로 만들어내는 것은 단지 볼거리가 충분하고 군에서 홍보만 열심히 한다고 해서 되지 않는다. 군민 모두의 단합이 필수다. 지금야말로 우리 군을 찾아오는 이들을 어떤 표정과 언어로 어떻게 맞이할 것인가부터 그들이 돌아갈 때는 무엇을 손에 들고 어떤 여운을 남기면서 갈 수 있게 할 것인지에 대해 함께 머리를 맞대어야 할 때이다.

군민건강 지킴이 '파크골프장'

100세 시대다. 환갑, 고희古稀 잔치가 옛말이 되어버린 지금 장수는 욕심이 아닌 모든 이들의 보편적인 바람이다. 다만 '어떻게 나이 들어갈 것인가?'는 화두일 수밖에 없다.

요양병원에서 아픈 몸으로 100세를 넘기는 것은 누구도 원하지 않는 일일 터이다. 나 자신부터가 내 몸을 자유롭게 움직이며 건강을 유지하며 이웃과 친구와 함께 소통하다가 어느 시인의 시에 나온 언어처럼 하늘이 부르는 날 소풍 가듯 서운하지 않은 마음으로 가벼운 마음으로 생을 마감하는 그것이야말로 아름다운 삶이리라. 그러니 중요한 것은 건강을 유지하는 일이다.

국가 경제는 선진국에 편입되었고 복지는 갈수록 확대될 것이다. 노인의 삶은 물론이고 국민의 삶이 경제적으로 궁핍하지 않은 복지 사회로 전환되고 있는 시점이다. 다만 의료복지가 확대된다고 해서 우리 개개인의 건강까지 국가가 온전하게 책임져주진 못한다. 건강이야말로 국가도 효자도 그 누구도 책임져주지 못한 각자의 책임

클 수밖에 없다.

　노인의 건강은 여러 가지 의미를 지닌다. 개인의 건강 차원을 넘어 가족에게 미치는 영향은 물론이고 넓게는 우리 사회가 감당해야 할 의료비용의 손실을 덜어주면서 더 나은 복지 실현에도 적잖은 영향을 미친다. 자신의 건강을 지키려고 노력하는 이들에게는 지역사회에서 그에 상응하는 환경을 조성해주고 지원해주는 일이 절대적으로 필요할 것이다. 무병장수는 모두에게 축복이기 때문이다.

　농촌 지역의 고령화는 이미 우리 사회의 화두가 되었고 초고령사회가 눈앞으로 다가왔다. 이런 시점에서 농촌 지역사회일수록 노인 건강을 위한 관심을 확대해야 하는 것은 당연한 일이다. 나 또한 나이 들어가고 있음을 실감하면서 지역사회 노인건강을 위해 어떤 과제를 던지고 또 그것을 어떻게 실현해야 하는지에 대한 고민을 하게 된다.

　몇 해 전 우연히 접한 뉴스에서 '파크골프'를 알게 됐다. 그 이전에는 그저 주변에서 파크골프라는 말을 들어도 무심코 흘려보냈는데, 어느 지자체의 파크골프장이 군민들에게 좋은 반응을 얻고 있다는 소식을 접하면서 관심을 갖게 됐다. 집안에서 늘 TV만 보며 지내던 80대 중반의 노인이 파크골프를 즐기면서 하루 만 보를 걷게 되었고 건강은 자연스럽게 좋아졌다는 인터뷰 기사도 접했다.

파크골프는 이름 그대로 공원에서 치는 골프로 골프채는 나무로 만들어져서 가볍고 공과 홀은 크다. 일반 골프처럼 코스와 방식이 정해져 있지만, 거리가 멀지 않고 큰 힘을 요구하지 않는다. 그러니 이 파크 골프야말로 노인들을 밖으로 불러내서 자연과 함께 호흡하며 건강을 유지할 수 있도록 하는데 가장 적합한 스포츠로 불린다. 무엇보다도 체력이 기본적으로 따라줘야 하는 일반 골프와는 달리 연령층에 상관없이 누구나 안전하게 즐길 수 있는 스포츠라는 점이 매력적인 데다 면적이 아주 넓지 않아도 되기 때문에 지역사회 공원이나 하천 주변의 유휴지 또는 유원지 등에도 조성할 수 있다는 것도 장점이다. 게다가 최근 들어 우리에게 경각심을 불러오고 있는 환경문제와 관련하여 코스에 농약을 사용하지 않고 자연을 소중하게 지켜갈 수 있다는 것이야말로 파크골프 확산은 매우 미래지향적인 지역사회 스포츠시설임을 깨달았다.

　강원도 양구군 양구읍 동수리에 조성된 한반도 섬 파크골프장은 주민과 파크골프 동호인들의 인기종목으로 자리매김하고 있다고 한다. 군유지 1만7천㎡에 조성된 18홀 규모의 파크골프장은 한겨울에도 수십여 명의 동호인들이 찾아와 파크골프를 즐긴단다. 양구지역에는 4개 클럽에 소속된 180여 명의 회원이 활발하게 동호회 활동을 하고 있을 정도라고 한다. 이뿐만이 아니다. 유명세에 힘입어 최근엔 외지에서 이곳을 견학 삼아 찾아오는 관광객들까지 늘어나 지역경제 활성화에도 영향을 미치고 있다고 한다. 그러니 솔직한 감정은 해당 이 지자체가 부럽기까지도 하다.

파크골프는 국민체육과 여가활동에 좋아 최근 동호인이 급격하게 증가하는 추세다. 양구뿐만이 아니다. 파크골프는 최근 들어서 도시보다는 도농복합지역이나 농촌 지역으로 확산일로에 서 있다. 우리보다 앞서 전국민운동으로 확산한 외국의 한 지자체에는 파크골프장만 무려 600여 개에 달한다고 한다. 한발 늦은 감이 없지 않지만, 한편으로는 왜 진작 이런 스포츠시설 마련에 관심을 못 기울였는지 나 자신을 책망하기도 했다.

막연하게 남이 하니까 우리도 해야 한다는 식으로 트랜드를 쫓아가고 싶은 것은 아니다. 활동반경이 적은 노인들을 밖으로 불러내어 스스로 건강을 지킬 수 있도록 할 수 있다는 점에서 여건만 된다면 하루빨리 서둘러서 추진해야 하는 일이 아닐까 싶다. 안방에서 TV를 보거나 경로당에서 고스톱을 치면서 무료한 시간을 보내고 있는 많은 어르신이 파란 잔디밭으로 나와 힘에 부치지 않는 정도의 경기를 즐기며 행복한 시간을 보낼 수 있도록 유도할 수 있다는 것이 그렇다. 게다가 노인들의 약한 무릎을 세워주고 당뇨병과 우울증을 고쳐주며 치매를 예방하는데도 큰 효과가 있다고 한다. 고령화가 가속화되고 있는 농촌 지역인 우리 군의 군민들을 위해서는 하루라도 빨리 앞당겨 준비해도 누구든지 환영할 일인 것이다.

자연환경과 어우러져 있는 영동군의 지역적 특성은 골프장을 만드는 데도 한결 유리하다. 대도시와는 달리 농촌 지역은 용지를 마련하기가 한결 수월하기 때문이다. 군민들의 접근성 또한 한결 유리할 것이라는 기대하게 된다.

　문화예술과 스포츠 관련 시설이 도시와 비교하면 농촌은 턱없이 부족한 것이 사실이다. 이제는 우리도 당당하게 선진국이 되었고 대외적으로 OECD 국가 중에서도 성장잠재력과 경쟁력이 강한 나라로 인정받고 있다. 이쯤 되었으면 도농 간의 문화생활 및 복지혜택의 격차는 당연히 줄어들어야 한다. 농촌 지역에서 산다는 이유만으로 도시인들에 비해 여유로운 노후가 보장되지 않는다면 이것은 또 하나의 차별이 될 수 있고 국민 삶이 균형을 잃게 되는 일이다. 아들, 손자, 며느리와 함께할 수 있는 가족 운동으로도 주목받고 있는 파크골프장을 만드는 것은 도와 군의 적극적인 준비와 추진이 급선무다. 여기에 정부 차원의 지원도 뒤따라줘야 할 것이다. 군민건강을 위한 일인 만큼 도의원인 나 또한 발 벗고 나서서 추진과 실행에 힘을 싣겠다는 처지다.

■ 저자 박우양

- 1950년 충북 영동 출생
- 1963년 영동 매곡초등학교 졸업
- 1966년 청주중학교 졸업
- 1969년 청주고등학교 졸업
- 1978년 청주대학교 경제학과 졸업
- 1980년 고려대학교 경영대학원 연구과정 증권분석반 수료
- 1996~2001년 충청대학 금융정보학과 강사
- 1998년 한국투자신탁 청주지점장
- 1999~20011년 자민련 중앙정책위원(경제)
- 1999~2001년 메디안테크(주) 대표이사
- 2001년 The University Northern Virginia M.B.A(미국) 1년 중퇴
- 2002~03년 Kim's Janitorial Services inc. 부사장(Washington D.C)
- 2004~05년 *Korea Monitor*(미국 시사주간지)
  Marketing Executive & Economic Columnist.
- 2007~2015 충청대학 경영회계학부 겸임교수
- 영동군 매곡면체육회장 역임
- '샘물사회봉사단' 후원위원장(현)
- ≪한국시사사저널≫ 대표이사 역임
- 10대 도의원(2014.7 ~ 2018. 6) - 예산결산특벽별위원장 역임
- 11대 도의원(2018.7 ~ 현재) - 산업경제위원장, 윤리위원회원장 역임

초판 인쇄　2022년 02월 17일
초판 발행　2022년 02월 24일
저　　자　박 우 양
발 행 인　권 호 순
발 행 처　시간의물레
등　　록　2004년 6월 5일
주　　소　경기도 파주시 숲속노을로 150, 708-701
전　　화　031-945-3867
팩　　스　031-945-3868
전자우편　timeofr@naver.com
블 로 그　http://blog.naver.com/mulretime
홈페이지　http://www.mulretime.com
I S B N　978-89-6511-376-8 (03000)
정　　가　20,000원

* 이 책의 저작권은 저자에게 출판권은 시간의물레에 있습니다.
* 잘못된 책은 바꿔드립니다.